사고력과 논리력을 키우는 법정 체험

세상을 발칵 뒤집은
어린이 로스쿨

글 유재원 배정진 그림 이윤정

정정당당하게 법대로 하자!

난 돈을 훔치지 않았다고! 이건 명예훼손이야!!

너가 도둑이잖아! 빨리 돈을 돌려줘!

아울북

머리말

법 없이도 살 사람이란 말이 있어요. 굳이 법으로 정하지 않아도 알아서 착하고 바르게 살 것 같은 사람을 이르는 말이에요. 그러나 그 말도 옛말이 된 지 오래입니다. 사회가 복잡해지면서 그에 따라 다양한 법들이 만들어지고 있기 때문이에요. 그러니 아무리 바른 생활을 한다고 자부하더라도 법을 제대로 알아야만 법을 지킬 수가 있어요.

이 책에서는 우리 어린이들이 쉽게 접할 수 있는 실생활 사건 속에서 법 이야기를 설명하고 있어요. 학교 반장이 되기 위해 친구들에게 선물을 주었다던가, 친구를 도둑으로 의심했다거나, 남의 글을 베껴 글쓰기 대회에 내고 상을 받았다거나 등의 학교생활에서 일어날 수 있는 이야기와 보고 싶은 영화를 공짜로 내려 받거나, 키우던 강아지를 길에 버린다거나, 119에 장난전화를 거는 등 일상생활에서 일어날 수 있는 이야기들이 소개됩니다. 우리가 흔히 접할 수 있는 사건 속에서 법 이야기를 배우고, 그동안 법을 제대로 알지 못해 무심코 했던 행동들이 어떤 결과를 초래하는지 살펴볼 수 있어요.

이 책에서 만나는 수많은 사건 속 재판에서 어린이 여러분은 변호사도, 검사도, 판사도 될 수 있습니다. 앞으로 일어날지 모르는 상황을 미리 경험할 수도 있고요. 더불어 친구들과 역할을 나누어 모의재판을 해본다면 더욱 유익할 거예요.

변호사 유재원   동화 작가 배정진

등장 인물

장시연 (12살)
불의를 보면 못 참는 장래에 판사가 꿈인 아이. 책을 읽는 것을 좋아하고 남의 일에 곧잘 끼어든다.

〈학교 친구들〉

이유준 (12살)
바른 생활 사나이. 언제나 원리 원칙만을 지키고자 한다.

박승규 (12살)
5학년 2반 싸움대장. 이따금 아이들을 괴롭히기도 하지만, 의리 하나는 끝내준다.

김세희 (12살)
시연이의 단짝. 엄살이 심하고 엉뚱한 4차원 소녀다.

방부균 (12살)
투덜이. 불만이 많고 조심성이 없으며 허풍도 심하다.

한기석 (12살)
부잣집 도련님. 모범생이지만 엄마의 지나친 기대로 이따금 힘들어한다.

〈가족〉

장다연 (6살)
시연이의 동생. 언제나 언니가 하는 것을 따라 하려 하고, 샘이 많다.

삼촌 (32살)
대학까지 졸업하고도 아직 취직을 못 한 백수. 시연이네 집에 얹혀살며, 이런저런 말썽을 부린다.

엄마 (35살)
시연이와 다연이의 엄마. 짠돌이지만 자식의 공부를 위해서라면 기꺼이 지갑을 연다. 어릴 적, 개에 물린 기억 때문에 개를 무척이나 무서워한다.

차례

머리말 — 2
등장인물 — 3
유재원 변호사의 어린이 로스쿨 법 상식 — 8

학교생활

부균이의 우유갑 투하 사건
옥상에서 물건을 던져 세희를 다치게 한 부균이는 죄가 있을까? **(상해죄, 과실치상죄(예비적))** …… 12

도둑으로 몰린 바른 생활 사나이
유준이를 도둑으로 의심한 반 친구들은 죄가 있을까? **(무고죄, 명예훼손죄)** …… 18

시연이가 왕따가 된 이유
연미와 시연이를 괴롭힌 불량 학생들은 죄가 있을까? **(상습폭행죄, 상습협박죄)** …… 24

수상한 족집게 학원
학교의 시험 문제를 빼돌린 컴퓨터 수리공과 학원 원장은 죄가 있을까? **('정보통신망 이용촉진 및 정보보호에 관한 법률,위반죄, 방실침입죄, 업무방해죄)** …… 30

생일선물의 비밀
시연이에게 생일 선물값을 주기로 한 약속을 지키지 않은 미진이는 죄가 있을까? **(채무불이행죄, 사기죄)** …… 36

명문대 과외 선생님의 진실
미국에서 명문대를 나왔다고 거짓말을 한 과외 선생님은 죄가 있을까? **(사기죄, 업무방해죄)** …… 42

교실에서 일어난 부정 선거
친구들에게 선물을 주고 치른 반장 선거는 무효일까?
(반장선거무효확인소송) ······ 48

모델 선발 대회에 숨겨진 음모
홈페이지에 허위 게시물을 올려 새미의 명예를 훼손한 윤미는 죄가 있을까? (「정보통신망 이용촉진 및 정보보호 등에 관한 법률」위반죄, 명예훼손죄) ······ 54

천재 작가가 된 미현이의 비결
다른 사람의 글을 베낀 글로 대상을 받은 미현이는 죄가 있을까? (「저작권법」위반죄) ······ 60

승규의 거스름돈 횡령 사건
잘못된 거스름돈을 받고도 사실대로 말하지 않은 승규는 죄가 있을까?
(점유이탈물횡령죄) ······ 66

학습지 계약서의 비밀
학습지를 신청하면 게임기를 준다는 거짓말을 한 학습지 판매원은 죄가 있을까? (사기죄) ······ 72

위험한 급식
유통 기한이 지난 소시지를 급식에 사용한 급식 업체 대표는 죄가 있을까? (과실치상죄, 「식품위생법」위반죄) ······ 78

수목원에서 생긴 일
소풍으로 간 수목원에서 다친 부균이에게 수목원은 배상책임이 있을까?
(손해배상소송) ······ 84

위기일발, 세희의 납치 미수 사건
세희에게 거짓말을 해서 차에 태우려고 한 아줌마는 죄가 있을까? (미성년자유인 미수죄) ······ 90

배우리 초등학교 최강 주먹 결정전
아이들의 싸움을 말리지 못한 학교는 법적 책임이 있을까?
(학교폭력해결 의무이행소송) ······ 96

일상생활

시연이가 본 동영상의 비밀
극장에서 상영 중인 영화를 공짜로 내려받아 본 시연이는 죄가 있을까?
(「저작권법」위반죄) ……102

알쏭달쏭 음주운전 사건
아파트 주차장에서 음주운전을 한 삼촌은 죄가 있을까? (「도로교통법」위반(음주운전)죄) ……108

버려진 강아지의 속사정
강아지를 길에 버리고 간 아저씨는 과태료를 내야 할까?
(과태료처분이의사건) ……114

한밤중에 들려오는 음산한 소리
층간 소음 문제로 다투게 된 두 집은 어떻게 해결해야 할까? (층간소음문제 환경분쟁조정) ……120

119 출동 사건
119에 장난전화를 해서 소방관들을 출동하게 한 다연이는 죄가 있을까?
(공무집행방해죄, 「경범죄처벌법」위반죄) ……126

사라져버린 엄마와 아빠의 추억
높은 건물을 지어 한강조망을 방해한 빌딩 주인에게 법적 책임이 있을까?
(손해배상소송) ……132

심심풀이로 시작된 윷놀이의 최후
명절에 내기 화투를 한 아빠와 삼촌은 죄가 있을까? (도박죄) ……138

뒤늦게 도착한 택배의 전말
반품기한이 지난 상품은 반품할 수 없을까?
(원상회복이행 청구소송) ……144

| 시연이의 맨홀 추락 사건 | 도로의 맨홀에 빠져 다친 시연이는 시로부터 배상받을 수 있을까? (국가배상신청) ······150 |

| 사라진 시연이의 신발 | 식당에서 없어진 시연이의 신발은 누가 책임져야 할까? (『상법』에 따른 손해배상소송) ······156 |

| 어린이 보호 구역에서 과속이 부른 비극 | 어린이 보호 구역에서 아이를 다치게 하고 도망간 아저씨는 죄가 있을까? (『교통사고처리특례법』위반죄, 『특정범죄가중처벌 등에 관한 법률』위반죄) ······162 |

| 명수 아버지의 어긋난 사랑 | 명수를 심하게 때린 명수 아버지는 죄가 있을까? (상습폭행죄, 폭행죄) ······168 |

| 공원에서 일어난 강아지의 습격 | 목줄도 채우지 않고 강아지를 풀어 놓은 주인은 죄가 있을까? (과실치상죄) ······174 |

| 온 동네를 경악하게 한 슈퍼스타의 비밀 | 진짜 가수 행세를 한 짝퉁 가수는 죄가 있을까? (『부정경쟁방지법』위반죄) ······180 |

| 톱스타 A군과 B양의 루머 | 확실하지 않은 이야기를 인터넷에 올린 시연이는 죄가 있을까? (『정보통신망 이용촉진 및 정보보호 등에 관한 법률』위반죄(비방목적 명예훼손죄)) ······186 |

유재원 변호사의
어린이 로스쿨 법 상식

1. 법이란 무엇일까?

법은 많은 국민들이 뜻을 모아서 정한 약속이에요. 친구와 한 약속보다 훨씬 더 힘이 강한 약속이기 때문에 법을 어기면 사회적으로도 비난받고, 처벌도 받을 수 있습니다. "나는 약속한 적 없는데?"라고 하는 어린이가 있겠군요. 하하, 하지만 그 약속은 대한민국 국민으로서의 지위가 있으면 당연히 성립하는 약속이랍니다.

법 = 약속

2. 법은 왜 생겼을까?

사람들의 평화로운 생활을 위해

형법: 사람을 때리거나 물건을 훔치는 나쁜 사람들을 처벌하기 위해 생겼어요.

헌법, 행정법: 나라를 세우면서 정치제도나 법 질서를 바로잡기 위해 생겼어요.

복잡한 사건들을 쉽게 해결하기 위해

민법, 상법: 국민들 사이에서 일어나는 다툼들을 해결하기 위해 생겼어요.

민사소송법, 형사소송법: 소송과 재판을 하게 되는 국민들을 위해 생겼어요.

법 = 해결사

3. 법의 종류

기본6법	개별법	특별법
가장 기본이 되는 법이에요.	각기 다른 분야에 수십 개, 수백 개가 있어요.	특별한 사안에 대하여 규율한 법이에요.
헌법 민법 상법 민사소송법 형사소송법 형법	금융법 환경법 노동법 세법 국제법 ⋮	어린이 식생활안전 관리 특별법 ⋮

훌륭한 법조인은 이 법들을 모두 외우는 사람이 아니라 법을 잘 활용하는 사람이야!

우리나라에는 1,300개가 넘는 법률이 있고 대통령령이나 부령 같은 법령까지 하면 5,000개가 넘어요!

4. 재판의 종류

★ **민사재판**
사람들 간의 권리 관계에 관한 다툼을 해결하는 재판

★ **형사재판**
범죄를 저지른 범죄자를 처벌하기 위한 재판

행정재판
공적인 일로 나라 또는 기관을 상대로 하는 재판

국제재판
나라간의 문제를 국제적인 시각에서 다루는 재판

헌법재판
위헌이나 합헌처럼 헌법적인 판단을 받고자 하는 재판

가사재판
가정 내의 일들로 일어난 다툼을 해결하기 위한 재판

선거재판
선거의 내용이나 과정에 문제가 있다고 다투는 재판

일상생활에서 가장 많이 볼 수 있는 재판은 민사재판과 형사재판이에요!

5. 재판의 참가자

판사
재판에서 가장 중요한 역할을 맡고 있는 사람으로, 모두의 이야기를 듣고 중립적인 시각에서 판결을 내립니다.

검사
형사재판에 등장하는 사람으로, 범죄를 저질렀다고 의심되는 피고인에게 알맞은 처벌을 내리도록 공정한 입장에서 이야기합니다.

증인
올바른 판결을 내리기 위해서는 많은 증거가 필요해요. 증인도 증거에 속해요. 그래서 오로지 사실만을 이야기할 수 있어요.

원고
형사재판에는 등장하지 않아요. 민사재판에서 재판하기를 원한 사람이에요.

6. 재판의 순서

형사재판

구속영장 청구와 발부
검사는 범죄를 저질렀다고 판단되는 사람을 일정한 장소에 가두도록 구속영장을 신청해요.

▶

공소제기
검사는 그동안 수사한 자료를 모두 증거로 제출하면서 피고인을 기소하고 법원은 형사재판을 개시해요.

▶

변호사 선임
피고인은 자신을 변호해 줄 변호사를 선임해요. 형사재판에서 변호사는 변호인이라고 불러요.

▶

공판
변호인과 피고인은 한 팀이 되어 검사와 다투게 돼요. 재판은 여러 차례에 걸쳐 열려요.

▶

판결 선고
충분한 증거조사가 끝나면 판사가 판결을 내려요. 무죄면 억울한 누명을 벗겨주고 유죄면 마땅한 처벌을 내려요.

▶

항소, 상고
판결 결과에 만족하지 못하면 더 높은 법원(고등법원, 대법원)에서 두 번 더 재판을 받아요.

민사재판

소장제출
원고가 소송을 제기하는 소장을 제출해요.

▶

소장 전달 및 답변서 제출
원고의 청구를 알리는 소장의 복사본을 피고에게 보내면 피고는 자신의 입장을 답변서에 적어 재판부에 보내요.

▶

증거제출
재판부에 자신의 입장을 호소할 만한 여러 가지 증거를 모아서 내요.

▶

민사 변론
원고와 피고와 함께 각자의 변호사들이 소송대리인으로 나와 민사 변론이 본격적으로 개시돼요.

▶

판결 선고
판사는 원고와 피고의 법적인 주장을 모두 듣고 증거들을 자세히 살피며 공정하고 객관적으로 판결해요.

▶

항소, 상고
판결 결과에 만족하지 못하면 더 높은 법원(고등법원, 대법원)에서 두 번 더 재판을 받아요.

사건번호 2014도321

학교생활

부균이의 우유갑 투하 사건

옥상에서 물건을 던져 세희를 다치게 한 부균이는 죄가 있을까?

지금부터 사건번호 2014도321의 모의재판을 시작하겠습니다. 부균이는 옥상에서 우유갑을 던져 세희를 다치게 했습니다. 이에 검사는 부균이를 상해죄와 과실치상죄(예비적)로 기소했습니다. 배심원 여러분은 이 경우 어떠한 판결을 내리시겠습니까? 그러면 사건번호 2014도321의 올바른 판결을 위해 사건의 내용을 알아보도록 하겠습니다.

새 학년 새 학기가 시작되었어요. 어느덧 우리도 5학년이 되었지요. 예전에 5학년 언니 오빠들을 보면 다 큰 어른 같았는데 감회가 새로웠어요. 하긴, 여자아이들 중에는 벌써 사춘기가 와서 성숙미가 물씬 풍기는 아이들도 있지만요. 그러나 남자아이들은 여전히 애 같았어요. 쉬는 시간만 되면 무슨 힘이 그리 넘치는지 여기저기 뛰어놀기 바빴어요. 정말 유치해서 같이 못 놀겠더라고요.

점심시간에 급식을 먹고 난 뒤, 나는 학교 벤치에서 세희와 우아하게 딸기 우유를 한 팩 마시며 앞으로 우리 앞에 펼쳐질 미래에 대해 이야기하기로 했어요. 그런데 우유를 사러 매점에 간 세희가 좀처럼 돌아올 생각을 안 하는 것이었어요.

'얘가 우유 짜러 대관령 목장에라도 갔나?'

기다리다 못해 세희를 찾아가 보았어요. 그런데 세상에나, 세희가 학교 뒤뜰에 주저앉아 엉엉 울고 있는 것이었어요.

"세희야, 무슨 일이니?"

"누가 옥상에서 뭘 던졌어. 내 머리에 피가 나지 않니? 난 곧 죽을지도 몰라."

세희는 엉뚱한 데다 허풍이 좀 심한 편이었어요. 하지만 옥상에서 떨어진 물건에 맞았다면 정말 큰일이 아닐 수 없었어요.

"당장 119를 부르자."

놀란 나머지 전화기부터 꺼냈어요. 그런데 그때, 세희 옆에 덩그러니 놓인 빈 우유갑이 눈에 들어 왔어요.

"세희야. 너 우유 사온다더니 벌써 다 먹어 치운 거니?"

"아니야. 아직 안 먹었어."

세희는 보란 듯이 우유가 들어있는 봉지를 보여주었어요. 그렇다면 세희의 머리를 때린 건, 다름 아닌 빈 우유갑이겠지요.

"정말 다행이다. 십 년 감수했어."

세희의 이마를 보니 살짝 긁힌 상처가 났을 뿐이었어요. 그런데도 세희는 좀처럼 울음을 멈추지 못했어요. 난데없이 날아온 우유갑에 적잖이 놀란 모양이었어요. 그런 세희를 보고 가만히 있을 수는 없었어요.

"우유갑이니 망정이지 유리병이나 돌덩이였으면 어쩔뻔 했어. 대체 누구야? 몰상식하게 옥상에서 우유갑을 던진 사람이!"

우리 학교 옥상은 하늘 정원으로 꾸며져 있었어요. 한걸음에 옥상으로 올라가 보니, 옥상에서는 점심시간에 맞춰 많은 아이가 산책도 하고 오순도순 모여 수다도 떨고 있었어요. 이 아이들 중에 세희에게 우유갑을 던진 아이를 어떻게 찾을지, 난감하지 않을 수 없었지요. 하지만 의외로 쉽게 범인이 누구인지 알아낼 수 있었어요.

"방부균, 네가 범인이지."

"무……무슨 소리야?"

부균이는 도통 무슨 말을 하는지 모르겠다는 듯 딴청을 피웠어요. 하지만 난 부균이가 범인이라는 것을 확신할 수 있었어요. 녀석의 입가에는 아직 닦아내지 못한 우유가 묻어 있었고, 주변에는 빵 봉지가 널브러져 있었기 때문이에요. 빵하고 우유를 먹은 부균이가 빈 우유갑을 옥상 밖으로 던진 것은 안 봐도 비디오겠지요.

"시치미 떼지 마. 여기 이렇게 증거가 있는데도 잡아뗄 거야. 당장 내려가서 세희에게 사과해."

증거까지 내민 마당에 부균이도 더 이상 시치미를 떼지는 못했어요. 하지만 부균이는 그게 무슨 잘못이냐는 반응이었어요.

"고작 우유갑을 맞은 것 가지고 호들갑 떨

기는."

"아무리 작은 물건도 높은 곳에서 떨어뜨리면 위험한 법이야. 그리고 다 먹었으면 우유갑은 쓰레기통에 버렸어야지."

"그래서 난 저 밑에 있는 쓰레기통을 향해서 우유갑을 던졌던 거야. 하필이면 세희가 거길 지나다 맞은 거고. 그러니 난 아무 잘못 없어."

"너 정말!"

생각 같아서는 부균이의 머리통에 꿀밤이라도 먹여주고 싶었어요. 하지만 엄연히 법과 규칙이 있는데, 주먹을 먼저 쓸 수는 없었어요. 이래봬도 내 꿈은 준엄한 법을 실천하는 법조인이거든요.

"좋아. 그럼 너에게 죄가 있는지 없는지 어디 한 번 제대로 따져 볼까?"

부균이는 죄가 있을까?

지금부터 사건번호 2014도321, 옥상에서 우유갑을 던져 세희를 다치게 한 부균이에 대한 판결을 내리겠습니다.

1 참가자의 한마디 & 최후 진술

피해자 세희: 마른하늘에 날벼락이었죠. 부균이가 실수로 그랬다고 해도 크게 다칠 수 있었으니 처벌받아야 해요.

유죄입니다 (검사)

존경하는 재판장님.
부균이는 자신의 행동에 대하여 당연히 법적인 책임을 져야 합니다.

① 부균이는 '다쳐도 할 수 없다.'라는 생각으로 세희를 다치게 했으니 상해의 미필적 고의가 있습니다. 상해죄로 처벌받아야 합니다.
② 부균이에게는 과실치상죄도 성립합니다. 사람의 신체는 소중한 것이므로 실수로 다른 사람을 다치게 하면 과실치상죄로 처벌할 수 있습니다. (예비적 범죄)
③ 형사책임과는 별도로 민사상으로도 손해배상책임이 따로 성립하므로, 배상책임을 져야 합니다.

피고인 부균이: 우유갑은 종이로 만들어져서 전혀 위험하지 않아요. 다치지도 않았는데 무슨 형사재판을 하나요?

무죄입니다 (변호사)

존경하는 재판장님.
부균이에게는 아무런 고의나 과실이 없으니 형사처벌을 하지 말아주세요.

① 부균이는 세희를 다치게 할 아무런 고의가 없었기 때문에 상해죄는 성립하지 않습니다.
② 부균이는 쓰레기통으로 우유갑을 정확히 던졌지만, 바람이 불어서 세희 머리에 맞은 것뿐입니다. 부균이는 아무런 과실이 없습니다.
③ 부균이에게는 형사책임은 물론 민사상 손해배상 책임도 없습니다.

2 배심원의 판단

나는 부균이가 (무죄, 유죄)라고 생각합니다. 왜냐하면 _____

3 현명한 판사의 판결

피고인 부균이의 말, 피해자 세희의 증언, 피고인이 옥상에서 우유갑을 던지는 장면이 촬영된 CCTV 자료, 찌그러진 우유갑, 세희가 우유갑에 맞아 2주간의 치료가 필요한 찰과상을 입었다는 상해진단서 등의 증거를 종합하면, 피고인은 학교 옥상에 올라가 놀던 중 밑에 있는 쓰레기통에 우유갑을 던졌고 그 근처에 있던 세희가 상처를 입었다는 사실을 인정할 수 있다.

학교에서 학생은 교칙에 따라 교사의 감독을 받아야 하고 친구 간에 장난이나 싸움이라고 하더라도 누군가 다치게 되는 경우가 발생한다면 그것은 법적인 문제가 될 가능성이 크다. 이번 사건에서 부균이가 옥상에서 던진 우유갑이 세희를 다치게 하였다.

다만, 검사의 주장처럼 부균이에게 '다른 사람을 다치게 하겠다.'라거나 '다쳐도 어쩔 수 없다.'라는 생각(고의)이 있었다고 보이지는 않는다. 그러나 부균이의 실수 때문에 세희가 다친 사실이 명백하므로 「형법」상 과실치상죄의 죄가 성립한다. 이러한 형사책임 외에도 「민법」에는 불법행위에 따른 손해배상책임을 규정하므로 부균이는 자신의 책임능력에 따라 세희에게 손해배상 책임을 부담해야 한다. 본인에게 손해배상 책임이 성립되지 않는 경우라도, 「민법」 제755조에 따라 부모님이나 선생님이 그 책임을 부담할 수도 있다.

따라서 피고인 부균이에게는 「형법」 제266조제1항에 따라 과실치상죄가 성립하고 피고인에게는 벌금 30만 원을 선고한다. 또한 피고인은 피해자에게 「민법」 제750조, 제751에 따라 치료비 등 손해배상금을 지급하기 바란다.

상해죄
고의로 사람을 다치게 하면 상해죄가 된답니다. 사람의 신체를 훼손하면 생명에도 직결되기 때문에 엄하게 처벌하고 있지요.

미필적 고의
범죄를 하려는 확실한 생각이 없어도 '범죄가 되어도 할 수 없다.'라는 생각을 가지는 걸 말해요. 미필적 고의도 엄연히 '고의'에 해당한답니다.

과실치상죄
「형법」에서는 사람의 생명과 신체를 보호하기 위해서 실수(과실)로 다른 사람을 다치게 해도 형사 처벌을 받도록 한답니다.

불법행위
다른 사람 등에게 일부러 또는 실수로 법을 어겨 손해를 끼치는 행동이에요.

관련 법률
「형법」 제266조(과실치상) ① 과실로 인하여 사람의 신체를 상해에 이르게 한 자는 5백만 원 이하의 벌금, 구류 또는 과료에 처한다.
② 제1항의 죄는 피해자의 명시한 의사에 반하여 공소를 제기할 수 없다.
「민법」 제750조(불법행위의 내용) 고의 또는 과실로 인한 위법행위로 타인에게 손해를 가한 자는 그 손해를 배상할 책임이 있다.
「민법」 제751조(재산 이외의 손해의 배상) ① 타인의 신체, 자유 또는 명예를 해하거나 기타 정신상고통을 가한 자는 재산 이외의 손해에 대하여도 배상할 책임이 있다.
「민법」 제755조(감독자의 책임) ① 다른 자에게 손해를 가한 사람이 제753조 또는 제754조에 따라 책임이 없는 경우에는 그를 감독할 법정의무가 있는 자가 그 손해를 배상할 책임이 있다. 다만, 감독의무를 게을리하지 아니한 경우에는 그러하지 아니하다.

학교생활

도둑으로 몰린 바른 생활 사나이

유준이를 도둑으로 의심한 반 친구들은 죄가 있을까?

지금부터 사건번호 2014도322의 모의재판을 시작하겠습니다. 반 친구들은 아무런 근거도 없이 유준이를 도둑으로 의심했습니다. 아무리 상황이 그렇다고 해도 증거도 없이 친구를 비난하는 것은 올바른 행동이 아닙니다. 이에 검사는 반 친구들을 무고죄와 명예훼손죄로 기소했습니다. 배심원 여러분은 이 경우 어떠한 판결을 내리시겠습니까? 그러면 사건번호 2014도322의 올바른 판결을 위해 사건의 내용을 알아보도록 하겠습니다.

유준이가 몸이 많이 안 좋은 모양이었어요. 아침부터 콜록콜록 기침을 하더니 식은땀까지 흘렸어요.

"유준아. 아프면 선생님께 말씀드려서 조퇴하는 게 어때?"

친구들이 권했지만 유준이는 단호히 고개를 가로저었어요.

"학생으로서 아프다는 핑계로 수업을 빠질 수는 없어."

유준이는 누가 뭐래도 바른 생활 아이였어요. 단 한 번도 지각을 한 적이 없었고, 수업시간에 졸거나 딴짓을 한 적도 없었어요. 그뿐만 아니라, 준비물을 챙겨오지 않거나 숙제를 빼먹은 적도 없었어요. 하지만 아무리 유준이라도, 그런 몸 상태로 체육 수업에 참여할 수는 없었어요. 모두 체육복으로 갈아입고 운동장으로 나간 동안, 유준이만 교실에 남아 있게 되었지요.

"유준아, 좀 어떠니?"

"덕분에 많이 나아졌어. 걱정해줘서 고마워."

체육 수업이 끝나자마자 우리는 유준이의 상태부터 살폈어요. 다행히도 유준이의 몸 상태는 전보다 한결 나아 보였어요. 그런데 그때, 뜻밖의 사건이 일어났어요.

"맙소사. 내 돈이 없어졌어. 분명 바지 주머니에 넣어놨는데 말이야."

평상복으로 갈아입은 기석이가 주머니를 뒤적거리더니 얼굴이 사색이 되어 외쳤어요.

"정말 주머니에 돈을 넣어둔 게 맞니?"

"응. 체육 수업 전까지도 주머니에 있는 걸 확인했다고."

"그럴 리가. 혹시 옷을 갈아입다가 돈을 흘린 건 아니고?"

우리는 모두 기석이의 돈을 찾아주기 위해 교실 곳곳을 살펴보았어요. 그러나 교실 어디에도 기석이의 돈은 보이지 않았어요. 사건은 점점 미궁에 빠졌고 기석이는 낙심한 듯, 울상이 되었어요. 그런데 승규가 제 딴에는 탐정이라도 된 듯 고개를 갸우뚱거리며 말했어요.

"이상하다. 체육 시간에 교실에는 유준이가 있었잖아. 유준이가 교실을 지키고 있었는데 어떻게 돈이 없어진 거지?"

승규의 말에 아이들이 웅성거리기 시작했어요. 그리고 유준이를 의심하는 눈빛으로 바라보기 시작했어요.

"혹시 돈에 날개라도 달린 걸까?"

"그럴 리가. 그렇다고 유준이가 기석이의 돈에 손을 댔을 리는 없고."

"하지만 돈에 날개가 달릴 확률보다 유준이가 기석이의 돈에 손을 댔을 확률이 더 높지 않을까?"

"유준이한테 정말 실망이다. 바른 생활 아이인 줄 알았는데 말이야. 유준이는 도둑이 맞아. 얼른 선생님께 말씀드리자."

아이들은 유준이가 범인이라고 단정해 버렸어요. 유준이가 아니라며 억울함을 호소했지만 아무도 믿어주지 않았지요.

"친구를 함부로 의심하면 어떡하니? 기석이가 돈을 둔 곳을 착각한 것일 수도 있잖아. 아니면 유준이가 잠시 한눈을 판 사이, 다른 사람이 몰래 훔친 걸 수도 있고."

보다 못한 내가 나섰지만 역시 소용이 없었어요. 도리어 친구들은 나까지도 의심스런 눈빛으로 바라보기 시작했어요. 그런데 때마침 복도를 지나던 선생님이 아이들의 웅성거리는 소리를 듣고 교실 안으로 들어왔어요. 아이들은 기다렸다는 듯이, 선생님께 우르르 몰려가 이야기하기 시작 했어요.

"선생님, 기석이가 가지고 있

던 돈이 없어졌어요."

"돈을 훔칠 수 있었던 사람은 유준이밖에 없어요."

"맞아요. 그러니까 유준이가 도둑이에요."

선생님도 유준이가 다른 사람의 돈을 훔칠만한 아이가 아니란 사실을 알고 있는 것 같았어요. 하지만 아이들이 모두 그러니 선생님도 어쩔 수 없었던 모양이었어요.

"유준아. 나와 잠시 이야기 좀 해야겠구나."

선생님이 유준이를 데리고 나가자, 아이들은 마치 모든 일이 해결된 것처럼 각자의 자리로 돌아갔어요. 그런데 그때였어요.

"찾았다. 내 돈."

기석이가 갑자기 환호성을 내질렀어요. 바지 주머니에 넣어뒀다고 생각했던 돈이 알고 보니 체육복 주머니에 있었던 것이에요.

드디어 유준이가 기석이의 돈을 훔치지 않았다는 것이 밝혀졌어요. 하지만 유준이를 의심했던 아이들은 좀처럼 자기들의 잘못을 뉘우치지 않았어요.

"아까는 그럴 수밖에 없는 상황이었다고."

"맞아. 그 누구라도 유준이를 의심할 수밖에 없었어. 그러니 우리는 아무 잘못 없다고."

반 친구들은 죄가 있을까?

지금부터 사건번호 2014도322, 유준이를 도둑으로 의심하고 선생님께 신고한 반 친구들에 대한 판결을 내리겠습니다.

1 참가자의 한마디 & 최후 진술

피해자 유준이: 선생님! 저는 기석이의 돈을 가져가지 않았어요. 흑흑, 친구들아, 나를 의심하지 마!

유죄입니다 (검사)

존경하는 재판장님.
친구들은 아무런 증거도 없이 추측만을 가지고 유준이를 의심했으니, 마땅히 법에 따라 처벌받아야 합니다.

① 피고인은 지극히 개인적인 추측만을 가지고 선생님께 거짓으로 신고하였습니다. 이는 「형법」상 무고죄에 해당합니다.
② 피고인은 공공연하게 유준이를 도둑으로 의심했고 이것은 「형법」상 허위사실에 따른 명예훼손죄가 됩니다.

피고인 반 친구들: 저희가 보기에는 유준이가 도둑이 확실했다고요. 아무튼 의심해서 미안해, 유준아!

무죄입니다 (변호사)

존경하는 재판장님.
피고인은 정당한 근거를 가지고 유준이를 의심했고 그것은 정의를 지키기 위해서였습니다.

① 피고인은 도둑을 잡겠다는 생각으로 유준이를 도둑으로 지목했을 뿐입니다.
② 교실에서 범죄가 발생해 선생님께 신고한 것입니다.
③ 도둑을 도둑으로 지목한 것이 어떻게 명예훼손이 되나요? 피고인은 무고죄든 명예훼손죄든 모두 무죄입니다.

2 배심원의 판단

나는 반 친구들이 (무죄, 유죄)라고 생각합니다. 왜냐하면 _____

3 현명한 판사의 판결

피고인 반 친구들의 말, 피해자 유준이의 증언, 유준이가 체육 시간에 혼자 남게 되었다는 체육 수업 출결 기록부, 돈을 잃어버렸다고 한 후 바로 스스로 찾게 되었다는 기석이의 진술서 등의 증거를 종합하면, 피고인은 유준이가 기석이의 돈을 훔친 것으로 섣불리 의심하고 이를 공공연하게 퍼뜨린 후 훈계를 받도록 선생님께 이른 사실을 인정할 수 있다.

사람의 명예는 누구에게나 쉽게 훼손되곤 하지만, 그 명예회복은 무척 어렵다. 특히 사실이든 허위이든 어떠한 방법으로든 다른 사람의 명예를 훼손하는 것은 엄연히 「형법」에서 금지하는 범죄행위가 된다. 진짜 도둑이라고 하더라도 공공연히 도둑이라고 지목하는 것 또한 명예훼손죄가 되기에 충분하다. 이번 사건에서 더욱이 도둑이 아닌 유준이를 피고인이 도둑으로 의심한 것은 명예훼손죄로 처벌될 수 있다. 무고죄는 허위의 사실임을 알면서 징계나 처벌을 목적으로 다른 사람을 신고하는 것인데 이번 사건에서 유준이를 범인으로 확신한 피고인에게는 무고라는 인식이나 고의가 전혀 없었다고 할 수 있으므로 무고죄는 무죄가 된다.

따라서 피고인에게 공소제기된 무고죄는 「형사소송법」 제325조에 따라 범죄를 인정할 증거가 없어 무죄이고, 허위사실에 따른 명예훼손은 「형법」 제307조제2항에 따라 유죄이므로 피고인에게 징역 1년을 선고한다. 다만 그 집행을 2년간 유예하되, 200시간의 사회봉사를 명하고 100시간의 '사람의 명예와 그 보호'라는 강의를 듣도록 명령한다.

무고죄
다른 사람을 처벌받게 하려고 허위사실을 신고하는 범죄랍니다. 허위인 점을 알고 신고해야 범죄가 성립해요.

명예훼손죄
사실 또는 거짓으로 다른 사람의 명예를 깎는 행동이랍니다. 도둑이라는 점이 사실이라도 공공연하게 어떤 사람을 지목하고 다니면 명예훼손죄가 될 수 있어요.

범죄의 고의
범죄는 자신의 행동이 범죄라는 점을 알고 해야 성립한답니다. 단순히 과실이 있을 때 처벌하는 것은 과실치사죄, 실화죄 등에 한정된답니다.

관련 법률

「형법」
제156조(무고) 타인으로 하여금 형사처분 또는 징계처분을 받게 할 목적으로 공무소 또는 공무원에 대하여 허위의 사실을 신고한 자는 10년 이하의 징역 또는 1천 5백만 원 이하의 벌금에 처한다.
제307조(명예훼손) ① 공연히 사실을 적시하여 사람의 명예를 훼손한 자는 2년 이하의 징역이나 금고 또는 5백만 원 이하의 벌금에 처한다. ② 공연히 허위의 사실을 적시하여 사람의 명예를 훼손한 자는 5년 이하의 징역, 10년 이하의 자격정지 또는 1천만 원 이하의 벌금에 처한다.

학교생활

시연이가 왕따가 된 이유

연미와 시연이를 괴롭힌 불량 학생들은 죄가 있을까?

지금부터 사건번호 2014도323의 모의재판을 시작하겠습니다. 불량 학생들은 연미와 시연이를 비롯해서 힘없는 아이들을 상습적으로 괴롭혔습니다. 이는 「학교폭력예방 및 대책에 관한 법률」에서 금지되는 행동이고, 때에 따라 형사처벌도 될 수 있는 행동입니다. 이에 검사는 불량 학생들을 상습폭행죄와 상습협박죄로 기소했습니다. 배심원 여러분은 이 경우 어떠한 판결을 내리시겠습니까? 그러면 사건번호 2014도323의 올바른 판결을 위해 사건의 내용을 알아보도록 하겠습니다.

점심을 먹고 교실에 왔더니, 텅 빈 교실에 연미만 혼자 앉아 있었어요. 그러고 보니 지금껏 연미랑은 제대로 된 대화를 나눠본 적이 없는 것 같았어요. 연미는 좀처럼 친구들과 어울리는 법이 없었거든요. 친해질 좋은 기회라고 생각하고 연미에게 말을 걸어보았어요.

"연미야. 이 좋은 날, 교실에서 혼자 뭐하니? 우리 함께 산책하지 않을래?"

"혼자 있고 싶으니까 너나 가."

연미는 짜증 섞인 말투로 말했어요. 당황스럽기도 하고 어이도 없었지요.

'뭐 이런 애가 다 있어? 그러니 친구가 없지.'

나는 연미에게 다시는 말을 걸지 않으리라 결심했어요. 그런데 그 날 오후의 일이었어요. 청소당번이라 학교 뒤뜰에 쓰레기를 버리러 갔는데, 연미가 웬 아이들에게 둘러싸여 있었어요. 처음엔 친구들과 어울리는가보다 생각하고 그냥 지나치려 했는데, 분위기가 심상치 않았어요.

"제발 이러지 마."

"미안. 네가 이러지 말라면 더 하고 싶은 걸 어쩌니? 너 우리한테 혼 좀 나야겠구나?"

아이들은 연미를 위협하더니, 심지어 머리를 쥐어박기까지 했어요. 그 모습을 보고 모른 척 지나칠 수는 없었어요.

"너희, 그만하지 못해. 연미가 싫다고 하잖아."

"넌 뭐니? 괜히 끼어들지 말고 가던 길이나 가셔."

"싫거든. 친구가 곤경에 처했는데 어떻게 그냥 지나칠 수 있겠니?"

"친구? 세상에나, 연미에게도 친구가 있었구나."

아이들은 비웃으며 낄낄대기까지 했어요. 그리고 아이 중에 대장으로 보이는 아이가 대뜸 내게 말했어요.

"왕따의 친구는 왕따라는 말을 못 들어본 모양이구나. 연미의 친구가 된 걸 곧 후회하게 해 주마. 호호호."

그때 난 그 아이들이 하는 말의 뜻을 이해하지 못했어요. 그런데 그 다음 날부터 이상한 일이 일어나기 시작했어요.

"애들아. 뭐하니?"

아이들이 한데 모여 재미있게 놀고 있기에 달려가 보았더니, 좀 전까지

웃고 떠들던 아이들이 슬금슬금 자리를 피하는 것이었어요. 그리고 그런 일은 한두 번이 아니었어요.

'도대체 애들이 왜 이래?'

왠지 아이들이 나를 따돌린다는 기분이 들었어요. 나는 도무지 영문을 알지 못해 고개만 갸우뚱거렸지요. 그런데 그런 내게 연미가 다가와 말했어요.

"지금이라도 늦지 않았어. 저번에 그 아이들에게 사과하고 나와는 아무런 사이도 아니라고 말해."

"사……사과라니?"

"그 아이들은 소위 말하는 일진 아이들이야. 그런 아이들의 눈 밖에 났기 때문에 너도 나처럼 따돌림을 당하게 된 것이라고."

"뭐……뭐야? 그럼 우리 반 애들이 일진 애들의 눈치를 보느라 나를 멀리한단 말이니?"

그제야 난 연미가 내게 매몰차게 대했던 이유도 알게 되었어요. 그리고 앞으로 어떻게 해야할 지 망설여졌어요. 지금이라도 일진 애들에게 사과를 한다면 난 왕따를 면할 수 있을 테니까요. 하지만 그럴 수는 없었어요. 명색이 법조인이 꿈인데, 불의와 타협할 수는 없었지요.

"좋아. 이제부터 우리 진짜 친구하자."

"뭐? 갑자기 그게 무슨 말이니?"

"무슨 말이긴. 왕따끼리라도 서로 의지하고 지내자 이 말이지. 근데 우리 둘이 친구가 되면 우린 더 이상 왕따가 아니지 않나?"

마침 그 날은 학급 회의가 있는 날이었어요. 건의사항을 말하는 시간이 되자, 나는 자청해서 교탁 앞으로 나갔어요.

"난 너희들이 왜 나를 따돌리는지 잘 알고 있어. 난 지금 일어나고 있는 일들을 모두 선생님께 말씀드릴 거야. 비록 조금 두렵긴 하지만, 만약 여기서 내가 굴복한다면 다음에 또 이런 일이 일어날지 모른다는 생각이 들었기 때문이야."

내 말에 조금 전까지는 떠들썩했던 교실 안은 정적이 흘렀어요. 비록 누구도 선뜻 나서 주진 않았지만, 모두들 내 말에 공감하는 듯했어요. 아마도 속으로 엄청 갈등하고 있겠지요. 그리고 곧 내 편이 되어 줄 거라 나는 기대했답니다.

불량 학생들은 죄가 있을까?

지금부터 사건번호 2014도323, 연미와 시연이를 괴롭힌 불량 학생들에 대한 판결을 내리겠습니다. (원래 상습폭행, 상습협박은 「폭력행위처벌법」이 적용되는 것이지만, 이해를 돕기 위해 「형법」을 적용합니다.)

1 참가자의 한마디 & 최후 진술

피해자 **연미와 시연이**: 저 아이들이 매일 저희를 괴롭히고, 때리고 무섭게 위협했어요. 이젠 더 이상 장난으로 받아들일 수 없어요.

피고인 **불량 학생들**: 친구끼리 장난친 것뿐이에요. 왕따를 당하는 친구들은 자기가 뭘 잘못하는지 알아야 해요.

유죄입니다 (검사)

존경하는 재판장님.
학교폭력은 우리나라에서 사라져야 하는 나쁜 범죄이며, 이런 행동을 저지른 피고인을 엄하게 처벌해야 합니다.

① 「학교폭력예방 및 대책에 관한 법률」에 따르더라도 학교폭력은 절대 일어나서는 안 되는 사건입니다.
② 학교에서 교우관계라는 명목으로 다른 친구들을 협박하고 때리는 것은 엄연히 「형법」상 범죄가 됩니다.
③ 이번 사건은 상습성과 고의성이 짙은 나쁜 범죄이므로 엄하게 처벌해 주시기 바랍니다.

무죄입니다 (변호사)

존경하는 재판장님.
친구끼리 장난을 친 것뿐이니 너그럽게 이해해 주세요.

① 피고인과 피해자는 친구 사이입니다. 학교생활을 하다보면 친구끼리 서로 오해와 다툼이 생기기도 합니다.
② 피고인의 행동은 학교폭력도 아니고 「형법」에서 말하는 폭행이나 협박이 아닙니다.
③ 몇 차례 그런 행동을 하였기 때문에 상습범은 더더욱 아닙니다.

2 배심원의 판단

나는 불량 학생들이 (무죄, 유죄)라고 생각합니다. 왜냐하면 _____

3 현명한 판사의 판결

피고인 불량 학생들의 말, 피해자 연미와 시연이의 증언, 피고인이 피해자들을 지속해서 괴롭히고 따돌리며 나중에는 폭력과 위협을 했다는 주위 친구들의 사실확인서, 피해자들에 대한 학교폭력과 따돌림을 조사한 학교폭력대책자치위원회 조사결과보고서 등의 증거를 종합하면, 피고인은 피해자들의 학교친구로 피해자들을 이유 없이 미워하고 더 나아가 지속적으로 폭력과 괴롭힘을 해 온 사실을 인정할 수 있다.

학교폭력은 단순히 친구 간에 일어나는 장난이 아니라, 엄연히 법에서 금지하는 것이며 경우에 따라 「형법」의 범죄행위가 된다. 「학교폭력예방 및 대책에 관한 법률」에 따르면, 학교폭력, 따돌림(왕따), 사이버따돌림이 모두 금지되며 학교마다 대책자치위원회를 설치하여 피해 학생을 보호하고 가해 학생에게 사과명령·전학·퇴학처분 등의 엄중한 조치를 하고 있다. 이번 사건에서 피고인은 단지 친구라는 이유로 피해자들에게 「학교폭력예방법」에서 금지하는 학교폭력, 따돌림을 했고 그 이후에는 상습폭행(「형법」 제264조)과 상습협박(「형법」 제285조)을 하기도 했다. 이는 「학교폭력예방 및 대책에 관한 법률」의 행정적인 제재를 넘어서서 엄연히 범죄에 대한 적극적인 처벌이 필요하다. 또한 지속적인 폭력과 협박으로 피해자의 피해가 심해졌으므로 상습범으로 처벌할 수 있다. 이에 친구들 간의 장난이었다는 피고인의 주장은 받아들이지 않는다.

따라서 피고인에게는 상습폭행죄, 상습협박죄가 성립하므로 피고인을 「형법」 제264조·제260조·제285조·제283조에 따라 징역 1년에 처한다. 다만, 앞으로 2년간 그 집행을 유예하고 피고인은 그 기간 동안 500시간의 사회봉사를 하고, 300시간의 '학교폭력근절교육'을 받도록 한다.

학교폭력
「학교폭력예방 및 대책에 관한 법률」에서는 학교폭력, 따돌림, 사이버따돌림을 정의하고 이를 금지하고 있답니다.

폭행죄
신체에 물리적인 힘을 주는 범죄에요. 만약 일부러 다치게 하면 상해죄가 된답니다.

협박죄
다른 사람을 위협해서 공포심을 불러일으키는 범죄랍니다.

상습범
한번 범죄를 하는 게 아니라 지속해서 범죄를 저지르는 나쁜 버릇을 말해요. 이런 상습범은 가중처벌이 된답니다.

관련 법률

「학교폭력예방 및 대책에 관한 법률」
제2조(정의) 이 법에서 사용하는 용어의 정의는 다음 각 호와 같다.
1. "학교폭력"이란 학교 내외에서 학생을 대상으로 발생한 상해, 폭행, 감금, 협박, 약취·유인, 명예훼손·모욕, 공갈, 강요·강제적인 심부름 및 성폭력, 따돌림, 사이버 따돌림, 정보통신망을 이용한 음란·폭력 정보 등에 의하여 신체·정신 또는 재산상의 피해를 수반하는 행위를 말한다.
1의2. "따돌림"이란 학교 내외에서 2명 이상의 학생들이 특정인이나 특정집단의 학생들을 대상으로 지속적이거나 반복적으로 신체적 또는 심리적 공격을 가하여 상대방이 고통을 느끼도록 하는 일체의 행위를 말한다.
1의3. "사이버 따돌림"이란 인터넷, 휴대전화 등 정보통신기기를 이용하여 학생들이 특정 학생들을 대상으로 지속적, 반복적으로 심리적 공격을 가하거나, 특정 학생과 관련된 개인정보 또는 허위사실을 유포하여 상대방이 고통을 느끼도록 하는 일체의 행위를 말한다.

사건번호 2014도324

학교생활

수상한 족집게 학원

학교의 시험 문제를 빼돌린 컴퓨터 수리공과 학원 원장은 죄가 있을까?

지금부터 사건번호 2014도324의 모의재판을 시작하겠습니다. 컴퓨터 수리공과 학원 원장이 서로 모의해 학교의 시험 문제를 유출하는 사건이 벌어졌습니다. 실제로 유명대학 로스쿨에서도 성적을 높이기 위해서 어느 로스쿨생이 해킹범죄를 저지른 사건이 있었습니다. 이에 검사는 컴퓨터 수리공과 학원 원장을 「정보통신망 이용촉진 및 정보보호에 관한 법률(정보통신망법)」위반죄와 방실침입죄 그리고 업무방해죄로 기소했습니다. 배심원 여러분은 이 경우 어떠한 판결을 내리시겠습니까? 그러면 사건번호 2014도324의 올바른 판결을 위해 사건의 내용을 알아보도록 하겠습니다.

선생님께 전해 드릴 것이 있어 교무실에 들렀더니, 처음 보는 아저씨가 선생님의 자리를 차지하고 앉아 있었어요.

"누구세요? 저희 선생님은 어디 계세요?"

"나는 컴퓨터를 수리하러 온 사람이란다. 선생님은 벌써 교실에 올라가신 것 같은데. 아 맞다. 오늘 성적 나왔다더라."

"뭐라고요?"

나는 놀라서 교실로 달려 올라갔어요. 그리고 아니나 다를까, 교실 안에는 싸늘한 분위기가 감돌고 있었지요.

'맙소사. 또 떨어져 버렸잖아.'

성적을 확인해보니 점수는 그대로인데 등수는 전보다 떨어져 있었어요. 왜 그런가 봤더니, 그동안 나보다 성적이 나빴던 몇몇 아이들의 성적이 전보다 부쩍 올랐기 때문이었어요.

"대체 비결이 뭐니? 나한테도 좀 알려줘."

나는 자존심도 버리고 성적이 오른 애들을 따라다니며 물었어요. 그런데 알고 보니 그 애들은 모두 같은 학원에 다니고 있는 것이었어요. 족집게 학원으로 유명해서 수강료도 다른 데의 두 배나 되는 그런 학원이었지요.

'두고 보자. 나도 그 학원에 다녀서 성적을 올리고 말 테다.'

분하기도 하고 오기도 났어요. 집에 돌아오자마자 엄마에게 학원을 보내달라고 졸라댔지요.

"뭔 학원비가 그리 비싸다니?"

엄마는 비싼 학원비를 부담스러워하면서도 선뜻 학원비를 내어 주었어요. 나는 그런 엄마를 위해 더욱 열심히 공부해야겠다는 생각을 했어요. 그런데 막상 학원에 오니, 분위기가 생각했던 것과 사뭇 달랐어요.

'대체 애들은 공부도 안 하면서 어떻게 성적을 올린 걸까?'

학원 선생님들의 강의는 족집게라는 명성이 무색하게 지루하기 짝이 없었어요. 게다가 아이들은 수업은 듣는 둥 마는 둥 하며 딴짓하기 바빴어요. 이런 학원이 어떻게 족집게 학원으로 소문이 나게 되었는지 이해할 수 없을 정도였어요. 그리고 한편으론, 이러다가 도리어 성적이 떨어질지 모른다는 불안감마저 들었어요.

"걱정하지 마셔. 조금 있으면 이 학원이 왜 족집게 학원인지 알게 될 테니 말이야."

내가 불안해하자, 나와 같이 학원에 다니는 아이 중의 한 명이 내게 귀띔을 해주었어요. 그리고 시험이 가까워지자, 학원에서는 예상 문제라는 것을 나누어 주었어요.

"드디어 나왔습니다. 우리 학원만의 족집게 예상 문제. 이번에도 이 문제들만 풀면 시험에서 좋은 성적을 거둘 수 있을 거예요."

처음에는 그 말을 믿지 않았어요. 시험 범위를 꼼꼼히 공부하지 않고 예상 문제만 풀어서는 좋은 성적을 거둘 수 없는 법이니까요. 그런데 시험지를 받아보고 놀라지 않을 수 없었어요. 시험 문제가 학원에서 나누어준 예상 문제와 너무도 똑같았기 때문이에요. 심지어 문제에 나온 그림의 모양조차 같았어요.

'우와. 정말로 족집게잖아.'

이미 예상했던 문제를 푸는 것은 일도 아니었어요. 덕분에 시험에서 당당히 100점을 받게 되었어요.

그런데 난 기분이 별로 좋지 않았어요. 노력해서 얻은 성적이 아니란 생

각이 들었기 때문이에요.

'학원에서는 어떻게 족집게같이 예상 문제를 뽑아 낼 수 있었을까? 선생님 마음속에라도 들어갔다 온 걸까?'

그러던 어느 날이었어요. 학원 복도를 지나가는데, 낯익은 얼굴이 보였어요. 나는 얼떨결에 인사를 했지요. 그런데 가만히 생각해보니, 그 얼굴의 주인공은 다름 아닌 교무실에서 선생님의 컴퓨터를 고치던 수리공 아저씨였어요.

'혹시 수리공 아저씨가 선생님의 컴퓨터에서 시험 문제를 빼돌린 건 아닐까?'

다음날 학교에 가서 선생님께 그동안의 일을 말씀드렸어요. 그리고 얼마 후, 족집게 학원의 비밀이 밝혀졌어요. 알고 보니 학원 원장과 컴퓨터 수리공 아저씨가 서로 짜고 매번 학교 컴퓨터를 해킹해서 시험 문제를 빼돌린 것이었어요. 그러면 학원은 족집게 학원으로 소문이 나서 많은 수강생을 불러 모을 수 있을 테니까요.

컴퓨터 수리공과 학원 원장은 죄가 있을까?

지금부터 사건번호 2014도324, 컴퓨터를 수리한다고 학교에 침입해서 시험문제를 유출시킨 컴퓨터 수리공과 학원 원장에 대한 판결을 내리겠습니다.

1 참가자의 한마디 & 최후 진술

(관련자 학교 교장) 아니, 우리 학교에서 어떻게 이런 일이 일어난답니까? 이건 말도 안 되는 일입니다.

유죄입니다 (검사)

존경하는 재판장님.
학교는 정직하게 학문을 가르치는 신성한 곳입니다. 학원 수강생을 더 늘리려는 어른들의 욕심이 이처럼 학생들의 공간을 더럽혔습니다.

1. 피고인은 사전에 공모해서 학교 컴퓨터를 해킹하고자 했습니다. 이것은 「형법」의 방실침입죄(주거침입죄), 「정보통신망 이용촉진 및 정보보호 등에 관한 법률」위반죄가 됩니다.
2. 피고인의 행위 때문에 학교의 정상적인 시험 업무가 방해되었으므로 이것은 「형법」상 업무방해죄가 따로 성립합니다.

(피고인 컴퓨터수리공과 학원 원장) 공부해도 성적이 안 나오는 아이들에게 도움을 주려고 한 것뿐입니다.

무죄입니다 (변호사)

존경하는 재판장님.
피고인들이 공모해서 이런 범죄를 저지르게 된 것은 맞지만, 아이들의 성적도 중요하니까 용서해 주세요.

1. 피고인들은 좋은 성적을 받는 것이 중요하다고 생각해 이런 행동을 한 것입니다.
2. 학교 컴퓨터를 해킹해 문제를 일부 유출하긴 했지만, 학생들의 성적이 오른 것은 대부분 학생들의 학업성취에 따른 것입니다.
3. 만약에 죄가 된다고 해도 우리 학원 아이들을 위해 한 행동이니 용서해주세요.

2 배심원의 판단

나는 컴퓨터 수리공과 학원 원장이 (무죄, 유죄)라고 생각합니다. 왜냐하면

3. 현명한 판사의 판결

피고인의 말, 관련자 학교 교장 및 학교 선생님들의 증언, 학원에 다닌 아이들이 매번 거의 모든 과목에서 100점을 받아 학교가 어수선했고 그 학원에 학생들이 몰렸다는 교육청의 조사결과서, 피고인들이 사전에 모의해서 학교 교무실의 컴퓨터에서 시험 문제를 유출했다는 학원 관련자들의 진술서 등의 증거를 종합하면, 피고인들은 학원을 운영하는 사람과 컴퓨터 전문가로서 아이들에게 정상적인 교육을 하지 않고 시험 직전에 '컴퓨터 수리' 명목으로 학교에 침입하고 시험 문제를 빼내서 유출한 사실을 인정할 수 있다.

교육은 「헌법」이 보장하는 국민의 기본권이자 의무로서 어른들의 미래인 아이들에게 정상적인 수준의 교육을 해야 한다. 그런데 이번 사건을 보면 피고인들은 학원의 돈벌이를 위해 학교 컴퓨터를 해킹해서 시험문제를 유출했고, 이로 인해 학생들이 학교수업을 불신하고 학원에 의존하게 되었다. 이것은 단순히 어긋난 학원교육을 넘어서, 학교의 수업 자체를 방해하는 범죄행위로 볼 수 있다. 피고인들은 요즘 교육이 성적 위주이기 때문에 문제유출이 정당하다고 주장하지만, 이것은 앞으로도 영원히 받아들이지 못할 주장이다. 공모공동정범인 피고인들의 행위는 「정보통신망법」을 위반하여 학교의 업무를 방해한 것이므로 중벌이 불가피하다.

따라서 피고인에게는 「정보통신망법」 제48조 · 제49조 · 제71조 · 제72조, 「형법」 제319조 · 제314조에 따라 「정보통신망법」위반죄(정보통신망침입죄, 비밀침해죄), 방실침입죄, 업무방해죄가 성립하고, 피고인들에게 각각 징역 3년을 선고한다.

정보통신법위반죄
정보통신망(내부망, 인터넷망 등)에 권한 없이 침입하거나 비밀을 유출하는 행위를 처벌한답니다.

업무방해죄
학교 컴퓨터에서 유출한 정보를 함부로 사용하면 학교의 업무를 방해하는 범죄가 된답니다.

방실침입죄
주거침입죄의 일종이에요. 대법원 판례에 따르면 범죄 목적으로 다른 사람의 방을 침입하면 이 죄가 된답니다.

공모공동정범
사건을 사전에 공모한 다음 일부 사람이 실행해도 전원이 같은 범죄로 처벌받는답니다.

관련 법률

「정보통신망 이용촉진 및 정보보호 등에 관한 법률」
제48조(정보통신망 침해행위 등의 금지) ① 누구든지 정당한 접근권한 없이 또는 허용된 접근권한을 넘어 정보통신망에 침입하여서는 아니 된다.
제49조(비밀 등의 보호) 누구든지 정보통신망에 의하여 처리·보관 또는 전송되는 타인의 정보를 훼손하거나 타인의 비밀을 침해·도용 또는 누설하여서는 아니 된다.
제71조(벌칙) 다음 각 호의 어느 하나에 해당하는 자는 5년 이하의 징역 또는 5천만 원 이하의 벌금에 처한다. 11. 제49조를 위반하여 타인의 정보를 훼손하거나 타인의 비밀을 침해·도용 또는 누설한 자
제72조(벌칙) ① 다음 각 호의 어느 하나에 해당하는 자는 3년 이하의 징역 또는 3천만 원 이하의 벌금에 처한다. 1. 제48조제1항을 위반하여 정보통신망에 침입한 자

학교생활

생일선물의 비밀

시연이에게 생일선물 값을 주기로 한 약속을 지키지 않은 미진이는 죄가 있을까?

지금부터 사건번호 2014도325의 모의재판을 시작하겠습니다. 미진이는 시연이에게 생일선물을 함께 산 걸로 하고 생일선물 값을 주기로 약속했지만, 지키지 않았습니다. 우리도 종종 친구와 한 약속을 지키지 않는 경우가 있습니다. 그런데 이번 사건은 조금 심각해 보이는데요. 이에 검사는 미진이를 채무불이행죄와 사기죄로 기소했습니다. 배심원 여러분은 이 경우 어떠한 판결을 내리시겠습니까? 그러면 사건번호 2014도325의 올바른 판결을 위해 사건의 내용을 알아보도록 하겠습니다.

오늘은 유준이의 생일, 나와 친구 몇 명이 유준이의 생일파티에 초대를 받았어요. 그런데 명색이 생일파티인데 빈손으로 갈 수는 없었어요. 바른 생활 사나이 유준이에게 무엇이 어울릴까 고민에 고민을 거듭하다, 작은 알람시계를 하나 샀어요. 바른 생활의 기본은 시간 지키기니까요.

"생일 축하합니다. 유준이의 생일을 축하합니다."

유준이의 어머니께서 손수 준비해주신 음식을 맛있게 먹으며, 우리는 모두 진심으로 유준이의 생일을 축하해주었어요. 그리고 마침내 선물을 전달할 순서가 되었어요. 우리는 앉은 순서대로 유준이에게 선물을 건넸어요. 미영이는 책을 선물했고, 엉뚱녀 세희는 뜬금없이 바비인형을 준비했어요. 그리고 내 차례가 오자, 준비해두었던 알람시계를 꺼냈어요. 그런데 바로 그때였어요.

"이 선물은 우리가 함께 준비한 거야."

미진이가 대뜸 말했어요. 그리고 미처 내가 아니라고 말할 틈도 없이 유준이도 활짝 웃으며 답했어요.

"두 사람 다 정말 고맙다."

정말 황당하기 짝이 없었어요. 나 혼자 산 선물을 함께 샀다고 하니 말이에요. 그렇다고 그 자리에서 미진이에게 따져 물을 수도 없는 노릇이었어요. 이러지도 못하고 저러지도 못하고, 생일파티 내내 내 얼굴은 찌뿌둥한 얼굴이 되고 말았지요.

"내가 산 선물을 함께 샀다니, 대체 왜 그런 말을 한 거니?"

생일파티가 끝나자마자, 미진이에게 따져 물었어요. 그런데 미진이는 대수로울 것 없다는 투였어요.

"미안. 내가 오늘 지갑을 놓고 와서 미처 선물을 준비하지 못했어. 다들 선물을 주는데 나 혼자만 빈손이면 민망하잖아. 같이 산 셈 치고, 내가 내일 선물값의 반을 줄게. 그럼 됐지?"

"그……그런 거였니? 그럼 지금 한 약속은 꼭 지켜야 해."

친구 사이에 야박하게 안 된다고는 할 수 없어 얼떨결에 그럼 그렇게 하라고 말했지요. 그런데 다음 날이 되고 또 그 다음 날이 되어도, 미진이는 약속했던 돈을 주지 않았어요. 기다리다 못해 어렵게 돈을 달라는 말을 꺼냈더니, 미진이는 퉁명스럽게 말했어요.

"이런, 깜빡했네. 급한 거 아니면 내일 줄게."

그러나 내일 준다는 그 말 역시 지켜지지 않았어요.

"지금 이게 뭐하자는 거니? 당장 내 돈 줘."

화가 나기도 하고 약도 올랐어요. 더는 참지 못하고 미진이에게 달려가 돈을 달라고 말했어요. 그런데 미진이는 미안하다고 말하기는커녕, 오히려 당당했어요.

"너 말하는 투가 별로다. 내가 그 몇 푼 안 되는 돈을 떼어 먹을까봐 그러니? 그리고 애초에 그 선물은 너 혼자 사려 했던 거잖아. 그러니 내가 나머지 반을 주든 안 주든, 그리 문제 될 건 없지 않니."

"뭐……뭐야? 이건 단순히 돈의 문제가 아니야. 약속이고 신의의 문제지. 더구나 네 말대로 난 그 돈을 받아도 그만이고 안 받아도 그만이야. 하지만 내가 유준이의 선물을 고르기 위해 얼마나 심사숙고 했는데. 그 공을 가로챘으니, 난 꼭 돈을 받아야겠어. 그러니 당장 내 돈을 줘."

이젠 이판사판이었어요. 나는 화를 주체하지 못하고 버럭 소리를 질러댔어요. 그런데 그 소리를 마침 지나가던 유준이가

듣고 말았어요.

"너희들. 내 생일 선물 때문에 싸우고 있었던 거니?"

"아……아니. 그게 아니라."

나는 아니라고 거듭 말했지만, 이미 늦은 뒤였어요.

"내가 너희들에게 큰 실수를 했구나. 생일 초대를 받으면 선물을 사야 한다는 부담감이 생길 것이 뻔했는데 말이야. 내가 내일 너희들에게 받은 선물을 모두 돌려주도록 할게. 그리고 앞으로는 절대 생일파티 같은 것은 열지 않을 거야. 정말 미안하다."

유준이는 우리에게 고개까지 숙이며 사과했어요. 정작 사과를 할 사람은 따로 있는데 말이지요. 그러나 미진이는 여전히 자기가 무슨 잘못을 했는지 알지 못하는 듯했어요.

"유준이가 받은 선물을 돌려준다고 하니, 이제 너에게 돈을 줄 필요도 없겠구나. 그럼 우리의 거래는 여기서 끝이다."

미진이는 그렇게 말하고, 휑하고 가버렸어요. 정말 기가 막히고 코가 막혀서, 주먹이 부르르 떨릴 지경이었어요.

미진이는 죄가 있을까?

지금부터 사건번호 2014도325, 생일선물을 함께 산 걸로 하고 시연이에게 생일선물 값을 주기로 한 약속을 지키지 않은 미진이에 대한 판결을 내리겠습니다.

1 참가자의 한마디 & 최후 진술

피해자 시연이

'눈뜨고 코 베어 간다.'는 소리가 바로 이거였어. 미진이 너는 어떻게 친구와 한 약속을 지키지 않을 수 있니?

유죄입니다 (검사)

존경하는 재판장님.
미진이는 시연이와 한 약속을 지키지 않은 사실이 분명하니, 법으로 엄하게 처벌해야 합니다.

1. 친구 간에는 믿음과 신용이 생명입니다. 미진이는 거짓말을 하고 약속을 지키지 않았으므로 엄하게 처벌해야 합니다.
2. 「민법」에 따르면 약속을 지키지 않고 손해를 끼치는 경우 채무불이행이 됩니다. 우리나라 「형법」에서는 규정하고 있지 않지만 이런 범죄는 채무불이행죄로 처벌해야 합니다.
3. 애초에 미진이는 돈을 갚을 생각이 없었으니 「형법」상 사기죄로 처벌해야 합니다.

피고인 미진이

약속을 못 지킨 건 미안한데, 결국 유준이가 선물을 받지 않겠다잖아. 그러니 내가 갚을 이유는 없어!

무죄입니다 (변호사)

존경하는 재판장님.
「형법」에도 없는 채무불이행죄로 처벌될 수는 없습니다. 그렇다고 사기죄로 처벌하는 것은 너무 심합니다.

1. 「형법」의 대원칙은 죄형법정주의입니다. 대한민국 「형법」에 없는 채무불이행죄로 피고인을 처벌할 수 없습니다.
2. 사기죄는 애초부터 다른 사람을 속여 이익을 얻으려는 범죄인데 미진이는 이 범죄에 해당하지 않습니다.
3. 만약에 죄가 된다고 해도 친구 간에 있었던 일이니 용서해주세요.

2 배심원의 판단

나는 미진이가 (무죄, 유죄)라고 생각합니다. 왜냐하면 _____
_____

3 현명한 판사의 판결

죄형법정주의
범죄는 명백하게 처벌할 근거가 마련되어 있어야 처벌할 수 있답니다. 법에도 없는 범죄에 대해 판사가 죄를 만들어서 처벌할 수는 없기 때문이죠.

채무불이행죄
민사상으로는 다른 사람과의 약속이나 계약을 지키지 않으면 채무불이행이 되죠. 우리나라에는 이것이 아직 범죄로 인정되지 않고 있답니다.

사기죄
다른 사람을 속여서 손해를 끼치고 재산상 이익을 얻는 범죄랍니다.

선고유예제도
초범인 경우에 형의 선고를 늦추고 나중에 그 재판을 면제해준답니다.

피고인 미진이의 말, 피해자 시연이가 법정에서 한 증언, 피고인이 시연이의 선물을 가리키며 "같이 샀다."라고 우기면서 친구들에게 거짓말을 하고 나중에 시연이에게 돈을 주지 않았다는 것을 목격한 친구들의 진술서, 피고인이 시연이에게 "돈을 주겠다."라고 약속하는 것을 본 유준이의 사실확인서 등의 증거를 종합하면, 유준이의 생일에 선물을 준비하지 못한 피고인은 시연이에게 "같이 샀다고 하자, 돈을 일부 내겠다."라고 말한 뒤 끝까지 돈을 주지 않은 사실을 인정할 수 있다.

검사는 피고인의 행동이 민사상 채무불이행에 해당하기 때문에 형사적으로도 채무불이행죄가 된다고 주장한다. 그러나 형법의 대원칙인 '죄형법정주의'에 따르면 우리나라에는 이런 범행을 채무불이행죄로 처벌할 근거가 없으므로, 검사의 주장을 기각한다. 다만, 처음부터 돈을 갚을 생각이 없이 돈을 빌리고 나중에 그 빚을 갚지 않는 것은 대법원 판례에 따를 때 사기죄에 해당할 수 있다. 이번 사건도 사기죄로 처벌하는 것이 마땅하다. 다만, 피고인이 초범이고 그리 죄가 무겁지 않다는 측면이 있으므로 그 빚을 갚는 것을 전제조건으로 선고를 유예하는 것이 타당하다고 보인다.

따라서 피고인에게 공소제기된 채무불이행죄는 죄형법정주의에 위반되므로 따로 유·무죄를 판단할 필요가 없으나, 사기죄는 「형법」 제347조에 따라 유죄이므로 피고인에게 벌금 5백만 원을 선고하되, 피고인이 초범이고, 죄가 무겁지 않으므로 그 선고를 유예한다. 그 유예기간 동안 피고인은 시연이에게 사과하고, 「민법」 제390조 등에 따른 손해배상책임을 다하여 그 빚을 갚아야 할 것이다.

선고 유예

 **관련 법률**

「민법」 제390조(채무불이행과 손해배상) 채무자가 채무의 내용에 좇은 이행을 하지 아니한 때에는 채권자는 손해배상을 청구할 수 있다. 그러나 채무자의 고의나 과실 없이 이행할 수 없게 된 때에는 그러하지 아니하다.
「형법」 제347조(사기) ① 사람을 기망하여 재물의 교부를 받거나 재산상의 이익을 취득한 자는 10년 이하의 징역 또는 2천만 원 이하의 벌금에 처한다.
「형법」 제59조(선고유예의 요건) ① 1년 이하의 징역이나 금고, 자격정지 또는 벌금의 형을 선고할 경우에 제51조의 사항을 참작하여 개전의 정상이 현저한 때에는 그 선고를 유예할 수 있다.
「형법」 제60조(선고유예의 효과) 형의 선고유예를 받은 날로부터 2년을 경과한 때에는 면소된 것으로 간주한다.

학교생활

명문대 과외 선생님의 진실

미국에서 명문대를 나왔다고 거짓말을 한 과외 선생님은 죄가 있을까?

지금부터 사건번호 2014도326의 모의재판을 시작하겠습니다. 미국의 명문대를 졸업했다는 과외 선생님의 학력이 결국 거짓으로 드러나고 말았습니다. 얼마 전에도 허위 학력으로 대학교수가 되기도 하고 방송에도 출연해 돈을 버는 사람들이 있어서 큰 문제가 되었는데요. 이에 검사는 기석이의 과외 선생님을 사기죄와 업무방해죄로 기소했습니다. 배심원 여러분은 이 경우 어떠한 판결을 내리시겠습니까? 그러면 사건번호 2014도326의 올바른 판결을 위해 사건의 내용을 알아보도록 하겠습니다.

기석이는 누가 뭐래도 우리 반 모범생이었어요. 그런데 기석이의 어머니는 욕심이 많은 편이었어요.

"이 정도로 자만해서는 안 된다. 명문대에 가려면 지금보다 더 열심히 공부해야 해."

기석이가 좋은 성적을 받아와도 기석이네 어머니는 도리어 더욱 분발해야 한다며 기석이를 다그치곤 했어요. 그래도 안심이 안 되었던지, 급기야 기석이에게 따로 과외 선생님을 붙여주기로 했어요. 그런데 과외 선생님을 고르는 기준 또한 무척이나 까다로웠어요.

"여자 선생님은 안 됩니다. 조만간 기석이에게 사춘기가 올 텐데, 공연히 이성에 관심을 두게 되면 공부에 방해되니까요."

여자 선생님은 무조건 안 되었고, 웬만한 명문대 출신 과외 선생님에게는 눈길조차 주지 않았어요. 심지어 선생님의 입에서 입 냄새가 나는지도 따졌어요.

"아무래도 가까이 앉아서 공부할 텐데, 입 냄새가 나면 수업에 집중하기 힘들잖아요. 그러니 담배를 피우는 사람은 절대 안 되고, 수업 전날 술을 마시고 와도 안 돼요"

이런저런 조건을 따지다 보니, 기석이의 과외 선생님으로 적합한 선생님을 찾기란 결코 쉽지 않았어요. 그런데 그렇게 까다로운 기석이네 어머니의 눈을 만족시킬만한 스펙을 가진 선생님이 나타났어요.

들자하니 해외파 출신으로 미국 최고 명문대를 나왔을 뿐만 아니라, 4개 국어에 능통하고, 무엇보다 외모도 말끔해서 도리어 그런 사람이 왜 기석이네 집에서 과외를 하나 하는 생각이 들 정도였어요.

그 후, 새로 온 과외 선생님 덕분인지 기석이의 성적은 더욱 오르게 되었어요. 그리고 그 소문은 다른 친구 어머니들의 귀에도 들어갔어요.

"역시 미국 명문대 출신이라서 다르긴 다른가 봐요. 우리 아이도 그 선생님께 과외를 부탁해야겠어요."

"우리 아이도요."

친구 어머니들은 서로 그 선생님을 모시려고 아주 난리가 났어요. 하지만 우리 엄마만은 딴 나라 이야기처럼 여겼지요.

"엄마. 나도 과외 시켜주세요."

"초등학생이 무슨 과외니? 과외에 의존하면 스스로 공부하는 법을 모르게 된단다."

엄마는 고리타분한 이야기만 늘어놓았어요. 하지만 끝내 내 고집을 꺾진 못했고, 우리 집에도 과외 선생님이 오게 되었지요.

"반가워요. 데이비드 정이라고 해요."

현관문이 열리고 과외 선생님이 모습을 드러냈어요. 과연 소문대로 선생님은 잘생긴 데다가 유학파라 그런지 귀티도 팍팍 풍겼어요. 엄마도 내심 만족스러운 표정이었지요.

그런데 마침 삼촌이 밖에 나갔다가 돌아왔어요. 좋은 대학을 나오지 못한 삼촌은 마땅히 취직자리를 구하지 못하고 우리 집에 얹혀살고 있었거든요. 과외 선생님을 보다가 그런 삼촌을 보니 어딘가 좀 초라해 보이기까지 했어요. 그런데 뜻밖에도 삼촌은 우리 과외 선생님과 아는 사이인 모양이었어요.

"어? 너 상식이 아니냐?"

"저……선배님."

"네가 여긴 무슨 일이냐?"

"그……그게."

무슨 이유에서인지 선생님은 말을 머뭇거렸어요. 그래서 내가 거들고 나섰지요.

"오늘부터 나를 가르쳐 줄 내 과외 선생님이셔. 이래 봬도 미국 명문대 출신인

데다, 4개 국어에 능통하시다고요."

"그게 무슨 소리야? 얘, 내 대학교 후배인데. 하긴 우리 학교 정도면 명문대까지는 아니지만 그냥 괜찮지."

"뭐라고요?"

알고 보니 과외 선생님은 미국의 명문대를 나오지도, 4개 국어에 능통하지도 않았어요. 과외를 맡기 위해 고의로 학력을 속인 것이지요. 그리고 이 사실은 기석이 어머니의 귀에도 들어갔어요.

"당장 그만둬요. 그리고 그동안 받은 과외비는 모두 돌려주세요. 손해 배상이라도 청구할까 했지만 참는 거예요."

기석이 어머니는 크게 화를 내며 말했어요. 그러나 과외 선생님도 나름 할 말이 있는 모양이었어요.

"너무하십니다. 그래도 약속대로 기석이의 성적을 올리지 않았습니까? 학벌을 속인 것은 죄송하지만, 맡은 일을 해냈으면 그걸로 되는 것이 아닙니까?"

"뭐예요? 그걸 지금 말이라고 하나요? 법대로 해 봅시다."

어린이 로스쿨 모의재판
명문대 과외 선생님의 진실

과외 선생님은 죄가 있을까?

지금부터 사건번호 2014도326, 미국에서 명문대를 나왔다고 거짓말을 한 과외 선생님에 대한 판결을 내리겠습니다.

1 참가자의 한마디 & 최후 진술

피해자 기석이와 기석이 엄마

과외 선생님이 학벌을 속였다니 정말 황당하군요. 아이의 성적을 올리려고 과외를 시작했는데 거짓말만 배웠겠군요.

유죄입니다 (검사)

존경하는 재판장님.
학력위조는 단순한 거짓말이 아니라 심각한 사회문제이므로, 피고인을 엄하게 처벌해야 합니다.

① 우리나라는 다른 범죄에 비해 학력위조에 대해서는 관대해 왔습니다. 하지만 이것은 엄연한 범죄입니다.
② 다른 사람을 속여서 재산상 이익을 얻으면 사기죄가 되므로 이번 사건도 사기죄가 성립합니다.
③ 거짓말로 다른 사람의 업무를 방해한 경우 업무방해죄가 되므로, 피고인의 행위는 기석이 엄마의 정당한 교육업무를 방해한 업무방해죄에 해당합니다.

피고인 과외 선생

학벌 때문에 실력이 인정받지 못해 그런 것뿐입니다. 그래도 아이 성적을 올려놓지 않았습니까?

무죄입니다 (변호사)

존경하는 재판장님.
피고인이 일부 거짓말을 했지만 과외 자체는 문제가 없었고 범죄가 되지 않습니다. 손해가 전혀 없었기 때문입니다.

① 사기죄는 다른 사람을 속여서 손해를 끼치고 자신이 이득을 얻는 범죄인데, 이번 사건에서 기석이의 성적이 오르는 등 과외 효과를 보았으므로 사기죄가 되지 않습니다.
② 피고인이 거짓말을 하긴 했지만, 기석이 엄마가 원한 '기석이 성적을 올려 줄 교육'이라는 업무를 방해한 사실이 전혀 없습니다.
③ 결국 사기죄든 업무방해죄든 피고인의 행동은 모두 무죄입니다.

2 배심원의 판단

나는 과외 선생님이 (무죄, 유죄)라고 생각합니다. 왜냐하면 _____

3 현명한 판사의 판결

피고인 과외 선생의 말, 피해자 기석이와 기석이 엄마의 증언, 피고인이 미국 명문대가 아닌 평범한 대학 졸업이라는 학력증명서, 피고인이 미국 명문대를 졸업했다고 하면서 과외를 해왔다는 동네 주민들의 진술서, 피고인의 행동으로 피해자들이 충격을 받아 교육·학습에 대한 열의를 잃어버렸다는 진정서 등의 증거를 종합하면, 피고인은 명문대가 아닌 대학 출신이었으나 돈을 벌 목적으로 미국 명문대생이라고 속이고 피해자를 비롯한 많은 사람의 과외를 해왔다는 사실을 인정할 수 있다.

사회적으로 문제가 되고 있는 학력위조는 단순히 자신을 허위로 포장하는 것을 넘어서서, 작품활동, 과외, 연구활동 등에도 위조학력이 활용되고 있다. 특히 최근에 허위학력으로 교수에 임용된 사람들이 업무방해죄로 우리 대법원에서 처벌된 판례가 있다. 이는 단순한 거짓말이 아니라, 허위학력을 통해 사회적 신분을 세탁하고 막대한 재산을 얻는다면 「형법」 제347조의 사기행위이며 다른 사람의 업무를 방해하는 결과를 가져오므로 「형법」 제314조의 업무방해행위가 된다. 이번 사건에서 피고인은 ① 피해자의 성적이 올랐으므로 전혀 피해가 없었다는 점 ② 피해자들이 허영심을 가지고 있어서 속았을 뿐이라는 점 등을 주장하고 있으나 이는 피고인이 허위학력을 이용하여 돈을 벌고 피해자의 교육업무를 방해했다는 본 범죄의 구성에 전혀 영향이 없는 주장이다. 이처럼 피고인은 초범이기는 하나, 자신의 행동에 대하여 전혀 반성이 없고 앞으로 재범의 가능성도 있다.

따라서 「형법」 제347조제1항·제314조제1항에 근거하여 피고인 과외 선생에게 징역 2년의 실형을 선고한다.

사기죄
다른 사람을 속여서 손해를 끼치고 자신이 이득을 얻는 범죄예요. 중요한 것은 손해를 실제로 끼친 것 말고도 끼칠 가능성이 높은 경우에도 이 범죄가 될 수 있답니다.

업무방해죄
다른 사람의 업무를 힘으로 방해하거나 거짓으로 방해하는 걸 말합니다. 업무는 돈을 버는 사업만이 아니라 모든 사람이 가지는 업무를 말한답니다. 아이를 가르치거나 집안일을 하는 것도 업무에 해당하죠. 대법원 판례(2013도3829)는 학교수업을 방해한 학부모에게 업무방해죄가 성립하지 않는다고 하니, 이번 사건에서 업무방해죄 부분은 그 판례에 따를 때 무죄가 될 수도 있답니다.

「형법」
제347조(사기) ① 사람을 기망하여 재물의 교부를 받거나 재산상의 이익을 취득한 자는 10년 이하의 징역 또는 2천만 원 이하의 벌금에 처한다.
제314조(업무방해) ① 제313조의 방법(허위의 사실을 유포하거나 기타 위계) 또는 위력으로써 사람의 업무를 방해한 자는 5년 이하의 징역 또는 1천 5백만 원 이하의 벌금에 처한다.

사건번호 2014다327

학교생활

교실에서 일어난 부정 선거

친구들에게 선물을 주고 치른 반장 선거는 무효일까?

지금부터 사건번호 2014다327의 모의재판을 시작하겠습니다. 기석이는 벌써부터 어른들의 나쁜 행동을 배운 것 같습니다. 학급 반장 선거에서 간식과 선물로 표를 얻어 반장에 당선되었군요. 정직하게 선거운동을 한 시연이는 무척 억울하겠네요. 이에 시연이는 부정 선거인 반장 선거는 무효라는 반장선거무효확인소송을 제기했습니다. 배심원 여러분은 이 경우 어떠한 판결을 내리시겠습니까? 그러면 사건번호 2014다327의 올바른 판결을 위해 사건의 내용을 알아보도록 하겠습니다.

"**다음 주** 수요일에는 2학기 동안 우리 반을 이끌 반장을 뽑도록 할 거예요. 남은 기간, 누가 우리 반을 이끌어나갈 인재가 되었으면 좋을지 잘 생각해보도록 해요. 공정한 선거를 기대할게요."

선생님의 말씀에 가슴이 콩닥콩닥 뛰기 시작했어요. 지난 학기 반장선거에서 1표 차이로 아깝게 떨어진 한을 풀 기회가 마침내 찾아왔기 때문이에요.

"반장은 시연이처럼 사려 깊은 아이가 되어야 해."

"물론이야. 난 이미 시연이를 뽑기로 했어."

아이들은 한목소리로 나를 지지해주었어요. 굳이 선거 운동을 하지 않아도 반장 자리는 떼어 놓은 당상처럼 보였지요. 하지만 어디 그럴 수 있나요? 이미 한 번의 실패를 맛본 난 절대 자만하지 않았어요.

"만약 내가 반장이 된다면, 어느 친구 하나 왕따를 당하거나 소외감을 느끼지 않도록 할 거야. 또한, 인터넷에 대화방을 개설해서, 언제든 서로가 서로에게 도움을 줄 수 있도록 하겠어."

아이들에게 도움이 될 만한 계획도 세워 놓았어요. 또한, 솔선수범해서 교실 청소도 하고, 몸이 안 좋은 친구를 위해 당번을 대신 서 주기도 했어요. 이런 모습은 아이들에게 더 큰 감동을 준 것 같았고, 그 누구도 내가 반장이 될 거란 사실을 의심하지 않았어요. 그리고 마침내 선거의 날이 밝았어요.

선거가 시작되자 기석이도 반장이 되겠다며 나섰어요. 기석이는 평소에도 반장이 되고 싶다고 입버릇처럼 말하고 다녔지요. 하지만 아무도 기석이가 반장감이라고 생각하지는 않았어요. 기석이는 공부는 잘할지 몰라도, 잘난척쟁이에다가, 좀처럼 친구들을 돌보는 일이 없었기 때문이에요. 그러니 내 상대가 될 리도 없어 보였어요. 그런데 막상 뚜껑을 열어보니 의외의 결과가 나왔어요.

"한기석 28표, 장시연 2표. 그래서 우리 반 반장은 기석이가 되었어요. 모두 박수."

압도적인 표 차이로 기석이가 우리 반 반장이 되었어요. 난 내 눈을 의심하지 않을 수 없었어요.

'맙소사. 내가 날 찍었으니, 나를 찍은 사람은 고작 한 명이란 말이잖아.'

정말이지 망신도 이런 망신이 없었어요. 난 너무나 창피해서, 책상에 얼

굴을 파묻고 한동안 일어나지 못했지요.

'도대체 내가 왜 떨어진 거지? 도대체 왜?'

난 겨우 충격에서 벗어나 냉정히 생각해 보았어요. 하지만 아무리 생각해도 내가 반장이 되지 못한 이유를 알 수가 없었어요. 그것도 한두 표 차이도 아니고 압도적으로 말이지요.

"혹시 내가 너희에게 무슨 잘못이라도 했니?"

친구들에게 그 이유를 물어보았어요. 그런데 웬일인지 모두들 나와 이야기하기를 피하는 것이었어요. 분명 내가 모르는 무슨 일이 있는 듯 보였어요. 하지만 그 누구도 말을 해주지 않으니 답답할 따름이었지요. 그런데 그때, 떠오르는 한 사람이 있었어요.

'어떤 유혹에도 굴하지 않고 오직 바른 길만을 가는 그 아이, 날 찍은 단 한 명은 바로 그 아이일 거야. 그리고 그 아이라면 내가 반장 선거에서 떨어진 이유도 알고 있을 거야.'

역시나 나를 찍은 단 한 사람은 바른 생활 사나이 유준이였어요. 유준이에게 내가 반장 선거에서 떨어진 이유를 물어 보았더니, 유준이는 뜻밖의 말을 해주었어요.

"너 몰랐구나? 기석이가 반장이 되고 싶어서 아이들에게 피자도 사주고 학용품도 돌렸잖아. 그 뿐인 줄 아니? 반장이 되면 한 달에 한 번은 간식을 쏘겠다고 공약도 했지."

그제야 난 왜 아이들이 날 외면했는지 알게 되었어요. 너무도 분하고 억울해서, 곧장 기석이에게 달려가 따지기 시작했어요.

"공정해야 할 선거에서 선물로 표를 사다니, 죄책감을 느끼지도 않니?"

"반장이 그렇게 쉽게 되는 건지 알았어? 반장이라면 아이들이 필요한 것이 무엇인지를 깨닫고 도와줘야 하는 것이 아닌가. 난 아이들이 원하는 것을 마련해 주었을 뿐이라고."

"뭐……뭐야?"

기석이가 이리도 당당하게 나오니, 도리어 아이들에게 간식이나 학용품을 사줄 형편이 못되는 내가 무능하고 한심스럽게 느껴졌어요.

반장 선거는 무효일까?

지금부터 사건번호 2014다327, 공약이 아닌 선물과 간식으로 표를 얻은 반장 선거가 무효인지에 대하여 판결을 내리겠습니다.

1 참가자의 한마디 & 최후 진술

원고 시연이: 이번에 시행된 반장선거는 선물과 간식으로 표를 얻어 당선된 부정 선거였습니다. 법원에서 무효를 확인해주시기 바랍니다.

선거 결과는 무효입니다
(원고 변호사)

존경하는 재판장님.
미래의 시민은 어린이이고, 민주주의의 씨앗은 초등학교 반장 선거에서 엿볼 수 있습니다.

① 선거는 4대 원칙(보통, 평등, 직접, 비밀)이 지켜질 수 있도록 선거의 모든 과정에서 '공정성'이 지켜져야 합니다.
② 이번 반장 선거는 '공정한 선거'라는 취지에 맞지 않게 학생들에게 금전적인 유혹이 많았습니다. 이는 선거 운동의 적법한 절차를 위반했으므로 당연히 무효라고 판단됩니다.

피고 기석이: 선거 방법이 잘못되긴 했지만 이미 끝난 선거잖아요. 그냥 이번에는 제가 반장을 하게 해주세요.

선거 결과는 유효합니다
(피고 변호사)

존경하는 재판장님.
선거는 이미 끝났고, 아이들은 자신들의 판단으로 기석이를 반장으로 뽑았습니다.

① 이번 선거는 선거의 4대 원칙을 훼손한 적도 없고, 단지 학생들이 자신들에게 더 유리한 공약을 한 피고에게 표를 던진 것뿐입니다.
② 선거는 그 결과에 따르는 것이 마땅하고 나중에 이처럼 사소한 부분으로 무효로 만들 수 없습니다. 이것은 학생들의 고귀한 결정입니다.

2 배심원의 판단

나는 반장 선거가 (무효, 유효)라고 생각합니다. 왜냐하면 _____

3. 현명한 판사의 판결

선거의 4대 원칙

선거권은 국민의 소중한 기본권으로서 국민들이 직접하고, 비밀이 보장되도록 하고, 누구나 한 표를 행사할 수 있도록 해야 합니다. 이를 직접, 비밀, 보통, 평등 선거라고 하지요.

공정선거 제도

공정한 선거는 민주주의의 핵심이지요. 이를 보장하기 위해서는 선거공영제, 선거구법정주의, 선거관리위원회운영 등을 해야 해요.

무효확인소송

어떤 법률적 결과에 대하여 그 유효, 무효를 확인받는 소송이랍니다. 이번 사건은 선거 사건이지만, 공직 선거가 아니고 사사로운 반장 선거이므로 민사적인 무효확인소송을 한 거예요.

원고 시연이와 피고 기석이의 주장, 선거에서 드러난 피고의 공약집, 피고가 특별한 공약도 없이 "앞으로 맛있는 것을 사주겠다."라고 선언하고 선거 직전까지 아이들에게 선물이나 간식을 사주었다는 친구들의 증언, 이후 피고가 압도적인 표로 반장에 선출되었다는 담임 선생님의 선거결과확인서 등의 증거를 종합하면, 반장선거를 앞두고 공약을 준비해 온 원고와 달리 피고는 학용품을 돌리고 피자를 사주는 등의 선거 운동을 하여 표를 받았고 반장에 당선된 사실을 인정할 수 있다.

선거는 공직 선거와 그 외의 선거로 나누고 공직 선거의 경우 「헌법」에 따라 보장된 선거권을 보장하기 위해 「공직선거법」의 통제를 받는다. 공직자를 뽑는 선거에서 금품을 제공하거나 허위사실로 국민을 속인다면 선거의 공정성을 훼손할 수 있기 때문이다. 이를 보장하기 위하여 「헌법」에서는 선거의 4대 원칙을 준수하고 있다. 이번 반장 선거는 공직 선거는 아니지만, 대한민국의 미래인 아이들이 민주주의를 처음 경험하는 선거로서 나름의 중요성을 가진다고 할 수 있다. 반장 선거라고 해도 선거의 공정성은 지켜져야 하는데, 이번 사건에서 피고는 학용품과 피자 등의 뇌물로 표를 얻었고 공정한 선거를 하지 못한 것이 분명하다. 따라서 피고를 반장으로 선출한 이번 선거는 선거의 가장 중요한 요소인 공정성이 빠진 것으로 이 법원에서는 그 선거를 무효로 선언한다.

따라서 피고를 반장으로 선출한 선거는 공정성을 상실하여 선량한 풍속 기타 사회질서에 위반된 법률행위가 되므로, 본 법원은 「헌법」 제116조, 「공직선거법」 제7조, 「민법」 제103조 등을 참작하여 반장 선거의 무효를 확인하고자 한다.

관련 법률

「대한민국 헌법」 제116조 ① 선거운동은 각급 선거관리위원회의 관리하에 법률이 정하는 범위 안에서 하되, 균등한 기회가 보장되어야 한다.

「공직선거법」 제7조(정당·후보자 등의 공정경쟁의무) ① 선거에 참여하는 정당·후보자 및 후보자를 위하여 선거운동을 하는 자는 선거운동을 함에 있어 이 법을 준수하고 공정하게 경쟁하여야 하며, 정당의 정강·정책이나 후보자의 정견을 지지·선전하거나 이를 비판·반대함에 있어 선량한 풍속 기타 사회질서를 해하는 행위를 하여서는 아니된다.

「민법」 제103조(반사회질서의 법률행위) 선량한 풍속 기타 사회질서에 위반한 사항을 내용으로 하는 법률행위는 무효로 한다.

사건번호 2014도328

학교생활

모델 선발 대회에 숨겨진 음모

홈페이지에 허위 게시물을 올려 새미의 명예를 훼손한 윤미는 죄가 있을까?

지금부터 사건번호 2014도328의 모의재판을 시작하겠습니다. 윤미는 새미의 명예를 훼손하는 허위 게시물을 개인 홈페이지에 올렸습니다. 거짓인줄 몰랐던 학교 친구들은 이 사실을 그대로 믿어 학교 홈페이지에 게재했고, 결국 새미의 명예가 심하게 훼손되었습니다. 이에 검사는 윤미를 「정보통신망 이용촉진 및 정보보호 등에 관한 법률(정보통신망법)」위반죄와 명예훼손죄로 기소했습니다. 배심원 여러분은 이 경우 어떠한 판결을 내리시겠습니까? 그러면 사건번호 2014도328의 올바른 판결을 위해 사건의 내용을 알아보도록 하겠습니다.

정말 빅뉴스가 아닐 수 없었어요. 우리 학교 대표 모델을 뽑는다는 소식이 전해졌기 때문이에요. 요즘에는 초등학교도 좋은 학생을 불러 모으기 위해 광고를 한다고 하네요.

'나름 예쁜 나도 한 번 모델로 나가볼까?'

내심 욕심을 부려보았지만, 우리 반 새미를 보고는 곧바로 마음을 접었어요. 새미는 장차 연기자의 꿈을 키울 정도로 예뻤고 심성 또한 고왔거든요. 그러나 그런 새미에게도 경쟁자는 있었어요.

"이번 학생 모델로 누가 뽑힐 것 같니?"

"그야 새미나 윤미 중에 한 사람이 뽑히지 않을까?"

"맞아. 걔들은 무슨 복을 타고 나서 그리 예쁘게 생겼다니."

내심 새미가 뽑혔으면 하고 바랐지만, 옆 반의 윤미 또한 모델이 꿈일 정도로 예쁘고 늘씬하기까지 해서 누가 모델로 선발될지는 정말 예상하기 힘들었어요. 그런데 그즈음 이상한 소문이 나돌기 시작했어요.

"들었니? 새미가 알고 보니 일진이래."

"나도 들었어. 애들 돈도 뺏고 다닌다며."

새미가 아주 질이 나쁜 불량 학생이란 소문이었어요. 옆에서 새미를 지켜본 나로서는 어떻게 그런 소문이 났는지 도통 알지 못했어요. 새미는 언제나 아이들에게 친절하고 상냥했기 때문이에요. 그러나 소문은 입에서 입으로 전해져 선생님들의 귀에도 들어갔어요. 그리고 소문 때문인지, 새미는 학교 모델 선발대회에서 탈락하고 말았어요. 물론 우리 학교 모델로는 윤미가 선발되었지요.

"도대체 왜 새미에 대해 험담을 하고 다닌 거니?"

궁금함을 참지 못하고 새미에 대해 수군댔던 아이 중에 한 명을 찾아가 물어보았어요. 그런데 그 아이는 뜻밖의 말을 해주었어요.

"나도 학교 홈페이지에서 본 내용을 이야기했을 뿐이야."

"뭐? 학교 홈페이지?"

정말로 학교 홈페이지 자유게시판에는 새미에 대한 험담이 담긴 게시물들이 가득했어요. 그뿐만 아니라 사진도 버젓이 게시되어 있었는데 어떤 사진에는 새미가 친구의 뺨을 때리는 모습이 담겨 있었고, 또 어떤 사진에는 새미가 친구에게서 돈을 뺏는 장면이 담겨 있었어요. 사진들을 보고 있노라니, 나조차도 정말 새미가 일진일지도 모른다는 생각이 들 정도였어요.

"말도 안 돼. 이건 내가 연기하는 모습이잖아. 그리고 이건 빌려준 돈을 받는 모습이고."

새미에게 게시물을 보여주었더니 새미는 몹시 억울해했어요. 그렇다면 누군가 악의적으로 새미에 대한 나쁜 소문을 퍼뜨린 것이 틀림없었어요. 오기가 생긴 난, 학교 홈페이지를 뒤지기 시작했어요. 그리고 마침내 소문의 진원지를 찾아냈어요.

'이……이럴 수가.'

새미에 대한 나쁜 소문을 담은 게시물이 처음 올라온 곳은 다름 아닌 윤미의 미니홈피였어요. 보나마나 모델에 선발되기 위

해 경쟁자인 새미를 험담한 것이겠지요.

"어떻게 네가 이럴 수 있니?"

불의를 보면 참지 못하는 난 윤미를 찾아가 따졌어요. 그러나 윤미는 별 것 아니라는 반응이었어요.

"저런. 그냥 장난이었는데 일이 그렇게 되었네."

"재미라고? 무심코 던진 돌에 개구리는 맞아 죽는다는 옛 속담도 있어."

"어머머. 별 일이다. 넌 패러디도 모르니? 난 그냥 심심해서 패러디를 했을 뿐이야. 대통령도 패러디 하는 마당에 그깟 장난이 뭐가 대수라고. 게다가 게시한 곳도 내 미니홈피였잖아. 내가 내 개인 홈피에 마음대로 글도 못 올리니?"

"그 게시물은 누구나 볼 수 있었잖아. 그래서 새미에게 안 좋은 소문이 난 거고, 결국 새미는 학교 모델에서 탈락했잖아. 지금 새미가 얼마나 상심해 있는 줄 아니?"

"참나. 그건 내 게시물을 함부로 퍼간 다른 아이들 잘못이지. 난 내 미니홈피에 글을 올렸을 뿐, 학교 홈페이지에 옮기진 않았어."

윤미는 끝까지 자기의 잘못을 인정하지 않았어요. 그리고 한 마디 더 덧붙이기까지 했어요.

"그리고 분명히 말해두지만, 새미에게 그런 소문이 돌지 않았어도, 어차피 학교 모델은 내가 되었을 거야. 새미같은 애가 어떻게 내 라이벌이 될 수 있겠니?"

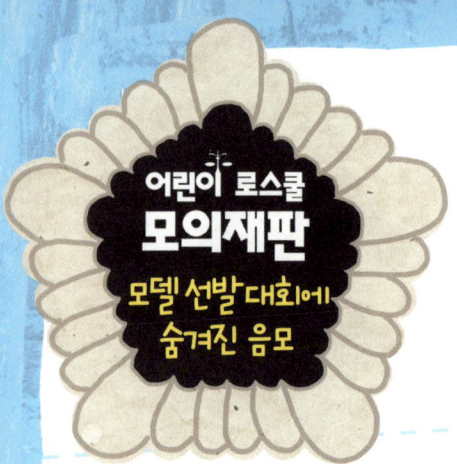

윤미는 죄가 있을까?

지금부터 사건번호 2014도328, 새미의 명예를 훼손하는 허위 게시물을 올린 윤미에 대한 판결을 내리겠습니다.

1 참가자의 한마디 & 최후 진술

피해자 새미: 그 사진만 아니었어도, 저는 학교를 대표하는 모델이 될 수 있었다고요. 제 명예를 훼손한 윤미를 용서할 수 없어요!

유죄입니다 (검사)

존경하는 재판장님.
사람의 명예는 무척 소중하고 귀한 것인데도, 우리나라에서는 아직 그런 관념이 부족한 것 같습니다.

① 명예훼손죄는 허위이든 사실이든 다른 사람의 명예를 훼손하면 성립합니다. 특히 「정보통신망법」에서의 비방목적 명예훼손은 가중처벌됩니다.
② 이번 사건에서 윤미는 비방할 목적을 가지고 누구나 볼 수 있는 인터넷 공간에 허위 사실을 올려 새미의 명예를 훼손했으므로 이 죄에 해당합니다.

피고인 윤미: 그냥 내 미니홈피에 글을 올린 것뿐인데, 그게 무슨 잘못인가요?

무죄입니다 (변호사)

존경하는 재판장님.
피고인은 범죄의 고의나 비방의 목적이 없었으므로 「정보통신망법」의 명예훼손죄가 성립하지 않습니다.

① 피고인은 자신의 홈페이지에 개인적인 게시물을 올렸을 뿐 공공연하게 퍼뜨린 사실이 전혀 없습니다.
② 피고인은 비방의 목적이 전혀 없었고 명예훼손의 고의도 없었습니다. 다만, 친한 친구 사이이기에 장난으로 그런 게시물을 올린 것뿐입니다.

2 배심원의 판단

나는 윤미가 (무죄, 유죄)라고 생각합니다. 왜냐하면 _____

3 현명한 판사의 판결

명예훼손죄
공공연하게 사실 또는 허위사실을 퍼뜨려서 다른 사람의 명예를 깎아내리는 범죄랍니다. 공공연하다는 것은 쉽게 많은 사람이 알 수 있게 되는 경우를 말해요.

「정보통신망법」위반죄
정식 명칭은 「정보통신망 이용촉진 및 정보보호 등에 관한 법률」이랍니다. 정보통신망을 통해 비방의 목적으로 사실 또는 허위로 명예를 훼손하면 「형법」의 명예훼손죄보다 더욱 엄격하게 처벌된답니다.

피고인 윤미의 말, 피해자 새미의 증언, 새미의 연기작품사진이 왜곡되어 새미가 불량한 학생으로 표현된 홈페이지 게시물들, 게시물이 최초로 있었던 곳이 윤미의 홈페이지를 나타내는 캡처 사진, 인터넷 게시물을 보고 새미를 불량한 학생으로 오해하게 되었다는 친구들의 진술서 등의 증거를 종합하면, 피고인은 피해자 새미와 서로 경쟁 관계에 있던 중 새미에 관한 잘못된 게시물을 자신의 홈페이지에 올려서 마치 새미가 불량 학생이라는 오해를 하도록 하였고 이로 인해 새미의 명예가 심각하게 훼손되었다는 사실을 인정할 수 있다.

사람의 명예는 생명과 신체만큼이나 소중하고 귀한 것이기에, 이를 함부로 훼손하는 것은 단순히 장난이 아니라 엄연한 범죄가 된다. 특히 정보통신망(인터넷망, 내부통신망 등)에 글을 올려서 명예훼손범죄를 저지르게 되면 많은 사람에게 빠른 속도로 전파될 수 있으므로 「정보통신망법」에서는 따로 명예훼손죄의 규정을 두고 있다. 「정보통신망법」의 명예훼손죄는 비방의 목적이 있어야 하나, 비방의 목적은 글 게재의 주요 목적이 비방에 있었느냐를 가지고 판단하는 것이 대법원의 판례이다.

이번 사건에서 윤미는 새미에게 일종의 적대감을 가지고 새미가 마치 불량 학생인 것처럼 글을 써서 다른 사람들이 접근할 수 있는 개인 홈페이지에 올렸고 이는 비방의 목적을 가지고 있었다고 볼 수 있다. 이로써 새미의 명예를 훼손하기도 했으므로 이는 「형법」 제307조제2항의 명예훼손죄를 넘어서서 「정보통신망법」의 비방목적 명예훼손죄에 해당한다.

따라서 피고인에게는 「정보통신망 이용촉진 및 정보보호 등에 관한 법률」 제70조제2항에 따라 비방목적 허위사실 명예훼손죄가 성립하므로 피고인에게 벌금 1천만 원을 선고한다.

 관련 법률

「정보통신망 이용촉진 및 정보보호 등에 관한 법률」 제70조(벌칙) ② 사람을 비방할 목적으로 정보통신망을 통하여 공공연하게 거짓의 사실을 드러내어 다른 사람의 명예를 훼손한 자는 7년 이하의 징역, 10년 이하의 자격정지 또는 5천만 원 이하의 벌금에 처한다.
「형법」 제307조(명예훼손) ② 공연히 허위의 사실을 적시하여 사람의 명예를 훼손한 자는 5년 이하의 징역, 10년 이하의 자격정지 또는 1천만 원 이하의 벌금에 처한다.

사건번호 2014도329

학교생활

천재 작가가 된 미현이의 비결

다른 사람의 글을 베낀 글로 대상을 받은 미현이는 죄가 있을까?

지금부터 사건번호 2014도329의 모의재판을 시작하겠습니다. 미현이는 글쓰기 대회의 대상 상품이 가지고 싶어서 다른 사람의 글을 베껴서 제출했습니다. 그리고 이 작품으로 대상까지 수상하게 되었습니다. 이는 최근에도 노래, 논문, 소설 등에서 크게 문제되고 있는 표절인데요. 이에 검사는 미현이를 「저작권법」위반죄로 기소했습니다. 배심원·여러분은 이 경우 어떠한 판결을 내리시겠습니까? 그러면 사건번호 2014도329의 올바른 판결을 위해 사건의 내용을 알아보도록 하겠습니다.

매년 열리는 글쓰기 대회에 아이들의 관심이 쏠렸어요. 대상에 뽑히면 요즘 최고 인기인 아이돌 그룹, '빅 마우스' 오빠들과 저녁을 먹을 수 있는 외식상품권을 준다고 했기 때문이에요. 걸 그룹이 아니라며 남자아이들은 불평을 늘어놓았지만, 빅 마우스 오빠들을 좋아하는 여자아이들은 기를 쓰고 글쓰기 대회를 준비했어요. 하지만 나만은 여유가 넘쳤어요. 어릴 때부터 책을 많이 읽은 덕분인지, 글쓰기만큼은 누구에게도 지지 않을 자신이 있었기 때문이에요.

"어떻게 하면 너처럼 글을 잘 쓸 수 있니?"

미현이도 어지간히 빅 마우스 오빠들을 만나고 싶었던 모양이었어요.

경쟁자인 내게 와서 비법을 물을 정도니 말이에요. 그럼에도 나는 친절하게 답해 주었지요.

"책에서 힌트를 얻도록 해. 창작은 모방에서부터 시작되는 것이니까."

"우와. 정말 고마워."

미현이는 바라던 해답을 얻은 듯, 신이 나서 돌아갔어요. 하지만 글쓰기라는 것이 어디 갑자기 실력이 늘 수 있는 것인가요? 마침내 글쓰기 대회가 시작되자, 나는 그동안 꿈꿔왔던 이야기를 하얀 원고지에 술술 써내려갔어요.

'오늘 따라 글발이 아주 잘 받네.'

다 쓴 글을 선생님께 제출하면서도 자신감은 넘쳤어요. 그리고 며칠 뒤, 교내 강당에서는 선생님과 학생들이 모두 모인 가운데, 시상식이 열렸어요. 대상은 떼어 놓은 당상이라고 생각한 나는 하나밖에 없는 어린이 정장을 빼입고 한껏 멋도 부렸지요.

"제3회 배우리 초등학교 글쓰기 대회 대상은 5학년 2반 박미현."

미현이의 이름이 호명되었을 때, 나는 나를 부르는 줄 알고 시상대 근처까지 갔다가 아이들의 배꼽을 잡게 하였어요.

'도저히 믿을 수 없어. 뭔가 잘못된 것이 분명해.'

충격이 이만저만이 아니었어요. 창피한 것은 둘째 치고, 도저히 결과를 인정할 수가 없었어요. 얼마 전까지 내게 글쓰기 비법을 묻던 미현이가 나를 제치고 대상을 받았으니 말이에요. 그래서 미현이가 썼다는 글을 직접 읽어 보았어요. 그런데 세상에나, 예상했던 것과 다르게 미현이의 글은 대상을 줘도 아깝지 않을 만큼 수준이 높았어요.

"이 정도면 수상할 만하네. 시연이도 잘 썼지만 미현이 글이 훨씬 나은 것 같아."

"맞아. 미현이 글은 완전 어른이 쓴 글 같이 세련되었어."

아이들도 미현이를 인정하는 분위기였어요. 하지만 나는 도저히 인정할 수가 없었어요. 아무리 봐도 미현이의 글은 초등학교 5학년 학생이 썼다고 볼 수 없었기 때문이에요. 더구나 어디선가 미현이의 글을 읽은 듯한 기분도 들었어요.

나는 며칠 동안 도서관을 들락거리며 그동안 읽은 책들을 다시 살펴보았어요. 그런데 아니나 다를까, 정말 미현이가 쓴 내용과 같은 책이 있었어요. 다시 읽어 보니, 이야기의 순서만 약간 다를 뿐, 문체나 내용이 아주 똑같았어요.

"네 글이 이 책에 쓰인 것과 아주 비슷하던데, 어떻게 된 거니?"

미현이에게 달려가, 책을 보여주며 물었어요. 역시나 미현이는 어떻게 그걸 알았느냐는 듯, 놀란 표정을 감추지 못했어요.

"난 다만, 책에서 영감을 얻었을 뿐이야. 그리고 네가 그랬잖아. 책에서 힌트를 얻으라고."

"힌트를 얻으라고 했지 그대로 베끼라고 하지는 않았어. 이건 문체나 내용이 아주 똑같잖아."

재차 캐묻자 미현이는 그제야 실토하기 시작했어요.

"빅 마우스 오빠들을 꼭 만나고 싶었어. 너도 알다시피 내가 빅 마우스 오빠들의 왕 팬이잖아."

"그렇다고 책을 보고 베끼면 어쩌니? 지금 넌 표절을 한 거야. 표절이 얼마나 나쁜 죄인데. 만약 네가 좋아하는 빅 마우스 오빠들이 표절했다면 신문에 대문짝만하게 나왔을걸."

"무슨 소리야. 난 아무 잘못도 없어. 내가 남의 책을 베껴서 책을 낸 것도 아니고 교내 글쓰기 대회에 냈을 뿐이잖아. 잘못이 있다면 책을 베낀 것도 모르고 내게 대상을 준 심사위원들에게 있겠지."

들고 보니 미현이 말도 틀린 말은 아닌 듯했어요. 만약 심사위원들이 미현이의 글을 대상으로 뽑아주지 않았다면 아무도 미현이가 다른 사람의 책을 보고 베낀 것을 몰랐을 테니까요. 그나저나 이 사실을 선생님께 말씀드리면, 미현이의 수상은 취소되고, 미현이는 좋아하는 빅 마우스 오빠들을 만나지 못하게 될 텐데, 어찌해야 할지 망설여졌어요.

미현이는 죄가 있을까?

지금부터 사건번호 2014도329, 다른 사람의 글을 베껴서 글쓰기 대회에 제출해 대상을 받은 미현이에 대한 판결을 내리겠습니다.

1 참가자의 한마디 & 최후 진술

피해자 원작작가: 허락도 없이 내 작품을 함부로 표절하고, 그로 인해 상까지 수상하다니. 이건 엄연한 「저작권법」 위반입니다.

유죄입니다 (검사)

존경하는 재판장님.
지적재산권을 침해하는 그 어떤 행동도 용서받을 수 없습니다. 엄하게 처벌해야 합니다.

1. 최근 불법 다운로드도 많아지고, 음악, 문학, 영화 등 여러 분야에서 표절이 많습니다. 이번 사건 또한 전형적인 표절 사건입니다.
2. 미현이는 수상을 목적으로 기존 작가의 작품을 그대로 베껴서 자신의 창작물인 것처럼 했으므로 「저작권법」 위반죄에 해당합니다.

피고인 미현이: 다른 애들도 다 그렇게 책이나 인터넷 자료를 보고 숙제를 한다고요. 저만 그렇게 아니라니까요.

무죄입니다 (변호사)

존경하는 재판장님.
저작권은 보호받아야 하지만 정당한 이용은 허용될 수 있습니다.

1. 피고인이 출처 같은 것을 일부 표시하지 못하였지만, 대부분의 내용은 피고인 스스로의 창작물이 맞습니다. 단지 참고만 한 것입니다.
2. 피고인은 「저작권법」 제28조에 따라 교육과 연구의 목적으로 인용을 한 것이므로 「저작권법」 위반죄에 해당하지 않습니다.

2 배심원의 판단

나는 미현이가 (무죄, 유죄)라고 생각합니다. 왜냐하면 _____

3 현명한 판사의 판결

피고인 미현이의 말, 피해자 원작 작가의 증언, 피해자의 원작과 미현이의 출품작이 거의 유사하여 표절이 확인된다는 저작권위원회의 사실확인서, 미현이가 출처나 인용을 제대로 하지 않고 원작을 이용한 사실이 있다는 대회 관계자의 진술서 등의 증거를 종합하면, 작품을 출품하게 된 피고인은 수상을 목적으로 다른 작가의 원작을 거의 그대로 이용하여 자신의 작품인 것처럼 활용했다는 사실을 인정할 수 있다.

저작권을 침해하는 것을 표절이라고 하는데 이것은 재산적인 침해와 인격적인 침해까지 이루어질 수 있는 심각한 범죄이다. 이처럼 저작권은 저작재산권과 저작인격권을 모두 포함하는 것이며, 저작물을 이용 허락 없이 함부로 이용하거나 출처를 표시하지 않고 함부로 인용하는 것은 모두 「저작권법」에 따라 금지된다.

이번 사건에서 피고인은 수상을 목적으로 다른 성인 작가의 원작을 자신의 작품인 것처럼 바꾸어 출품하였다. 이것은 다른 사람의 저작물을 이용 허락 없이 무단이용(표절)하는 것이면서 원작의 재산적·인격적 가치를 훼손한 것으로 보인다. 피고인은 연구나 교육목적의 인용이 있었다고 주장하지만 적절한 절차에 따라 출처를 명시하지 않았으므로 이러한 주장은 받아들이지 아니한다.

따라서 피고인에게는 「저작권법」 제136조제1항제1호에 따라 「저작권법」위반죄(저작재산권침해죄)가 성립하고 피고인에게 벌금 3백만 원을 선고한다. 또한 피고인은 「저작권법」에 따라 저작권 침해를 중단하고 수상을 반납하는 등의 적절한 조치를 해야 한다.

「저작권법」
저작권은 특허권, 상표권, 실용신안권 등과 함께 지적 재산권이랍니다. 다른 사람의 책이나 음악, 미술, 영화 등의 창작물을 함부로 복제하거나 다운로드 받아서 이용하는 것은 금지된답니다. 종종 허용되는 경우도 있지만, 대부분은 불법이라는 것을 알아두세요.

표절과 인용
'이 세상에 새로운 것은 없다.'라는 말이 있듯이 다른 사람들의 지혜를 배우는 것도 물론 필요해요. 그래서 출처를 밝히는 인용이나 허락을 받은 이용은 가능해요. 그 외에는 표절이 문제된답니다.

관련 법률

「저작권법」
 제1조(목적) 이 법은 저작자의 권리와 이에 인접하는 권리를 보호하고 저작물의 공정한 이용을 도모함으로써 문화 및 관련 산업의 향상 발전에 이바지함을 목적으로 한다.
 제2조(정의) 이 법에서 사용하는 용어의 뜻은 다음과 같다.
 1. "저작물"은 인간의 사상 또는 감정을 표현한 창작물을 말한다.
 제28조(공표된 저작물의 인용) 공표된 저작물은 보도·비평·교육·연구 등을 위하여는 정당한 범위 안에서 공정한 관행에 합치되게 이를 인용할 수 있다.

학교생활

승규의 거스름돈 횡령 사건

잘못된 거스름돈을 받고도 사실대로 말하지 않은 승규는 죄가 있을까?

지금부터 사건번호 2014도330의 모의재판을 시작하겠습니다. 승규는 학교 문방구에서 학용품을 사고 문방구 아줌마의 실수로 원래보다 더 많은 거스름돈을 받았습니다. 하지만 승규는 사실대로 말하지도 않았고, 아줌마가 실수하는 것을 이용해 반복적으로 더 많은 거스름돈을 받아왔습니다. 이에 검사는 승규를 점유이탈물횡령죄로 기소했습니다. 배심원 여러분은 이 경우 어떠한 판결을 내리시겠습니까? 그러면 사건번호 2014도330의 올바른 판결을 위해 사건의 내용을 알아보도록 하겠습니다.

승규의 씀씀이가 갑자기 커졌어요. 어제는 글쎄 떡볶이를 쏜다며 아이들을 잔뜩 데리고 분식점에 갔지 뭐예요. 집안 형편이 넉넉한 편도 아닌데, 대체 어디서 그런 돈이 생겼는지 궁금했어요.

"승규야. 너 혹시 돈이라도 주웠니?"

"아니. 그게 무슨 말이야?"

"갑자기 돈을 헤프게 쓰니 말이야. 돈을 주운 거라면 반드시 주인한테 돌려줘야 해. 주운 돈을 함부로 쓰는 것도 범죄라고."

"아……아니야. 난 절대 돈을 줍지 않았어."

승규는 절대 아니라며 손사래까지 쳤어요. 그런데 뭔가 숨기는 게 있는 듯 나와 눈도 제대로 못 맞추는 것이었어요.

'대체 승규는 어디서 돈이 난 걸까? 혹시 아르바이트라도 하는 걸까? 아니야, 초등학생이 무슨 아르바이트야. 게다가 힘들게 번 돈을 저렇게 헤프게 쓸 리는 없고. 그렇다면 대체 뭘까?'

점점 승규에게 갑자기 돈이 생긴 이유가 궁금해졌어요. 그리고 한번 생긴 궁금증은 내내 머릿속을 맴돌며 내 정신을 쏙 빼놓았지요.

'맙소사, 준비물을 깜빡했네.'

아침에 등교하는데, 교문 앞에 다다라서야 준비물을 깜빡 한 것을 알았어요. 하는 수 없이 학교 앞 문방구에 들러 준비물을 샀어요. 그런데 아줌마는 내가 낸 돈보다 더 많은 돈을 거스름돈으로 주시는 것이었어요.

"아주머니. 전 오천 원짜리를 냈는데요."

"이런. 난 또 오만 원짜리인 줄 알았지 뭐니. 오천 원짜리랑 오만 원짜리는 참 헷갈려."

"아주머니도 참. 그러다 큰 손해 봐요."

그런데 내 말을 들은 아줌마는 뭔가 생각이 난 듯 놀란 표정을 짓는 것이었어요.

"아차. 어쩐지 요즘 금고가 좀 빈다 했더니, 거스름돈을 잘못 거슬러 준 적이 또 있는 모양이야."

"네? 거스름돈을 잘못 받았으면 되돌려줘야지요. 어떤 애가 그런 몰상식한 행동을 한대요?"

"그……글쎄다. 내가 워낙 눈이 어두워서 말이다."

어떻게 돈 몇 푼 때문에 양심을 속이는지 쓸쓸한 마음이 들었어요. 그런데 그때였어요. 마침 가게 문이 열리면서 낯익은 얼굴이 보였어요. 바로 승규였어요. 승규는 미처 나를 못 보고, 대뜸 연필을 하나 집어서는 아주머니에게 오천 원짜리를 내밀었어요. 그리고 아줌마는 이번에도 오천 원짜리를 오만 원짜리로 잘못 보신 모양인지 거스름돈을 더 주셨어요.

'서……설마.'

힐끔 승규를 보며 승규가 어떻게 행동하는지를 보았어요. 그런데 승규는 아무렇지도 않게 더 많이 받은 거스름돈을 주머니에 넣는 것이었어요. 만 원짜리가 여러 장 섞여 있어서 분명히 더 받은 걸 알 텐데도 말이에요.

"야. 너 지금 뭐하는 거야? 돈을 더 받았으면 돌려드려야지."

참지 못하고 버럭 소리를 질렀어요. 그제야 승규는 나를 알아보고 깜짝 놀랐어요. 아줌마도 무슨 일인가 하다가, 그제야 거스름돈을 잘못 준 것을 알아차렸어요.

"그러고 보니 이 학생이었구나. 거스름돈을 더 가져가고도 모른 척 한 사람이. 어쩐지 매일 같이 연필을 한 자루씩 사가더라니."

"아……아니에요. 전 몰랐어요."

승규는 아니라며 시치미를 뗐어요. 하지만 요즘 들어 돈을 헤프게 쓰는 걸 뻔히 아는 내가 있는지라, 이내 실토하기 시작했지요.

"죄송해요. 돈이 탐나서 모른 척하고 말았어요. 하지만 속일 생각은 전혀 없었어요."

그러면서 승규는 조금 전 더 받은 거스름돈을 아줌마에게 돌려드렸어요. 하지만 아줌마는 계산기를 두들기시더니, 그동안 승규가 더 가져간 걸로 추측되는 금액을 적어 승규에게 보여주었어요.

"자. 네가 일부러 그랬든 모르고 그랬든 간에 난 이 돈을 다 받아야겠다."

"말도 안 돼요. 솔직히 제가 돈을 훔친 것도 아니고, 아줌마가 더 주신 거잖아요."

승규도 절대 돈을 돌려 줄 수 없다며 맞섰어요. 사실 돌려주고 싶어도 돌려 줄 돈이 없었던 것이겠지요.

승규는 죄가 있을까?

지금부터 사건번호 2014도330, 더 받은 거스름돈을 돌려주지 않고 마음대로 써버린 승규에 대한 판결을 내리겠습니다.

1 참가자의 한마디 & 최후 진술

내가 아무리 실수를 했다고 해도, 한 번도 아니고 여러 번이나 더 많은 거스름돈을 받아가다니 정말 용서할 수 없어요!

유죄입니다 (검사)

존경하는 재판장님.
승규는 잘못된 행동으로 결국 범죄를 저질렀으니 엄하게 처벌해야 합니다.

① 다른 사람이 놓친 재물(점유이탈물)을 우연하게 보관하고 있는 사람이 그 재물을 돌려주지 않고 마음대로 쓰면 「형법」상 점유이탈물횡령죄가 성립합니다.

② 이번 사건에서 승규는 우연한 계기로 문방구 아줌마로부터 더 많은 거스름돈을 받게 된 것인데 그것을 돌려주지 않은 점은 점유이탈물횡령죄가 되기에 충분합니다.

저는 아줌마를 속일 생각이 전혀 없었어요. 그냥 우연히 거스름돈을 많이 받은 것뿐이라고요.

무죄입니다 (변호사)

존경하는 재판장님.
승규는 애초부터 범죄를 저지를 생각이 없었습니다. 그냥 우연이었습니다.

① 승규는 단지 실수로 많이 받은 돈을 가지고 있었을 뿐입니다. 점유이탈물횡령죄에 대해 고의가 없었습니다.

② 승규는 횡령을 하겠다는 생각이 없었고 단지 돈을 돌려주지 못한 것뿐입니다. 이제라도 돈을 돌려주겠으니 형사처벌만은 하지 말아 주세요.

2 배심원의 판단

나는 승규가 (무죄, 유죄)라고 생각합니다. 왜냐하면 _____

3 현명한 판사의 판결

횡령죄
다른 사람의 재산을 가지고 있던 사람이 함부로 그 재산을 빼돌리는 범죄예요. 누군가에게 맡겨놓은 것을 함부로 처분하는 것도 범죄가 돼요.

점유이탈물횡령죄
길에 떨어진 물건이나 누군가 놓고 간 물건을 슬쩍 자기 소유로 하는 경우 이 범죄가 된답니다. 여러분들도 길에서 돈을 줍는다면 꼭 경찰에 알려야 해요. 거스름돈을 잘못 받고 돌려주지 않아도 이 죄가 돼요(속일 의도가 있으면 사기죄가 되는 경우도 있어요.).

피고인 승규의 말, 피해자 문방구 아줌마의 증언, 아줌마가 나이가 많고 시력이 나빠서 5천원 권과 5만원 권을 구분하지 못하였다는 문방구 아저씨의 사실확인서, 피고가 5천 원을 내고 5만 원 상당을 거슬러 온 적이 있다는 친구들의 진술서 등의 증거를 종합하면, 피고인은 문방구 주인인 피해자가 계산을 잘못해서 더 많이 준 거스름돈을 받고 돌려주지 않았던 사실을 인정할 수 있다.

횡령죄는 엄연히 고의가 있어야 성립하는 범죄로서 다른 사람의 재산을 보관하고 있다가 이를 함부로 써버리면 성립한다. 이 사건의 경우 승규가 피해자의 재물을 보관하였다고 보기는 어렵고 적극적으로 횡령했다고 보기도 어렵다. 그러나 승규가 적극적으로 행동하지 않더라도 피해자가 실수로 많이 건넨 거스름돈을 알고서도 자신의 돈인 양 써버렸다면 「형법」에서 금지하는 점유이탈물횡령죄가 되기에 충분하다. 이것은 길에 떨어진 물건을 가지는 경우와 같으며 점유이탈물을 횡령했다고 볼 수 있다. 피고인의 변호인은 고의가 없다고 주장하나, 이미 더 받은 거스름돈을 돌려주지 않고 있었다면 범죄의 고의가 있었다고 보는 것이 마땅하므로 그 주장은 기각한다. 만약 승규가 아줌마를 속이기 위해 5천원 권으로 5만원 권 거스름돈을 받으려는 행동을 적극적으로 했다면 「형법」 제347조의 사기죄로도 구성되나, 이 사건에서는 그런 면은 보이지 않는다.

따라서 피고인에게는 「형법」 제360조의 점유이탈물횡령죄가 성립하므로 피고인에게 벌금 50만 원을 선고한다. 또한 피고인이 받은 돈은 「민법」에 따르면 부당이득으로 볼 수 있으므로, 피고인은 그동안 문방구 아줌마에게 잘못 받은 거스름돈을 정산하여 전부 돌려주도록 한다.

관련 법률

「**형법**」 **제360조(점유이탈물횡령)** ① 유실물, 표류물 또는 타인의 점유를 이탈한 재물을 횡령한 자는 1년 이하의 징역이나 3백만 원 이하의 벌금 또는 과료에 처한다.

「**민법**」 **제741조(부당이득의 내용)** 법률상 원인없이 타인의 재산 또는 노무로 인하여 이익을 얻고 이로 인하여 타인에게 손해를 가한 자는 그 이익을 반환하여야 한다.

학교생활

학습지 계약서의 비밀

학습지를 신청하면 게임기를 준다는 거짓말을 한 학습지 판매원은 죄가 있을까?

지금부터 사건번호 2014도331의 모의재판을 시작하겠습니다. 학습지 판매원은 학습지를 신청하면 누구에게나 게임기를 선물로 준다고 해서 많은 아이에게 학습지를 신청받았습니다. 그런데 이게 무슨 일인가요? 계약서에 아주 작은 글씨로 '3년 구독 시 게임기 증정'이라고 적혀있었네요. 학습지 판매원은 시연이를 비롯한 학습지를 신청한 아이들에게 이 사실을 알리지 않았습니다. 이에 검사는 학습지 판매원을 사기죄로 기소했습니다. 배심원 여러분은 이 경우 어떠한 판결을 내리시겠습니까? 그러면 사건번호 2014도331의 올바른 판결을 위해 사건의 내용을 알아보도록 하겠습니다.

수업을 마치고 교문을 막 빠져나오는데 교문 앞에 아이들이 구름떼처럼 몰려 있는 것이었어요. 무슨 일인지 가보았더니, 어떤 아저씨가 학생들에게 물건을 팔고 있었어요. 학교 앞에서 흔히 볼 수 있는 광경이었지요.

"여러분 이게 뭔지 아시나요? 이게 바로 얼마 전에 새로 나온 차세대 게임기입니다. 지금 품절이 되서 살 수도 없는 바로 그 제품이지요."

아저씨는 게임기를 들고 열변을 토하고 있었어요. 그래서 처음에는 게임기를 파는가보다 생각했지요. 그런데 정작 팔려는 물건은 따로 있었어요.

"우리 출판사에서 발행한 학습지를 구독하면 이 차세대 게임기를 공짜로 준답니다."

나는 몇 년 전부 게임기가 갖고 싶어 엄마를 졸라 댄 적이 있었어요. 하지만 엄마는 공부에 방해된다며 게임기를 사주지 않으셨어요. 나는 그토록 바라던 게임기를 가질 수 있는 절호의 기회라는 생각을 하게 되었지요.

"아저씨. 정말 그 게임기 공짜로 주는 거 맞죠?"

"물론이란다."

"우와. 그럼 저도 당장 신청할래요."

나는 아무 의심 없이 작은 글씨가 빼곡히 적힌 계약서에 사인을 해버렸어요. 그리고 얼마 후, 우리 집에 고지서가 배달되었어요.

"이게 뭐니?"

엄마는 갑작스럽게 날라 온 고지서에 당황하셨어요. 하지만 나는 당당하게 말했어요.

"학습지를 신청했어요. 모처럼 공부해보려고요."

"그래도 엄마에게 먼저 상의를 해야 하지 않니?"

"엄마. 이 어여쁜 딸이 공부한다는데 지금 돈이 아까우신 거예요?"

"아……아니란다. 대견하다. 우리 딸."

멋대로 학습지를 신청했는데도 오히려 칭찬을 받았어요. 만약 멋대로 게임기를 샀다면 밤새도록 혼이 나고 말았겠지요. 나는 속으로 쾌재를 불렀어요. 그리고 게임을 할 생각에 마음이 잔뜩 부풀었어요.

'어떤 게임을 가장 먼저 해볼까?'

게임기가 올 것에 대비해 미리 모아놓은 용돈으로 게임시디도 사두었어요. 물론 내 동생 다연이에게도 살짝 귀띔해놓았지요. 그런데 하루가 지

나고 이틀이 지나도 약속된 게임기는 배송되지 않았어요.

"언니. 게임기 언제 와? 나 빨리 게임 하고 싶단 말이야."

"그……글쎄. 곧 오겠지."

그리고 며칠 뒤였어요. 우편물이 왔기에 살펴보았더니 학습지만 와 있는 거예요. 그 어디에도 게임기는 보이지 않았어요. 게다가 학습지의 품질도 형편없었어요. 종이는 재생 종이를 쓴 모양인지 금방이라도 찢어질 듯했고, 문제도 어디서 나온 문제를 그대로 긁어모은 듯 조잡해 보였어요. 엄마조차도 배송된 학습지를 보고 의심스러운 눈빛을 보낼 정도였지요.

"뭔 학습지가 이러도 허술하니. 이거 바가지 쓴 거 아니니?"

"아……아니야. 이게 보기엔 그래도 엄청 유명해."

엄마에게 사실대로 말했다가는 혼이 나고 마는지라, 혼자 애만 태워야 했어요. 그러던 어느 날, 학교 앞에 다시 그 학습지 판매원 아저씨가 왔어요. 아저씨는 여전히 게임기를 들어 보이며 아이들에게 학습지를 팔고 있었어요. 나는 한걸음에 달려가 따졌어요.

"아저씨. 그거 순 사기 아니에요."

"사기가 아니란다. 정말 게임기를 준다니깐."

아저씨는 도통 나를 알아보지도 못하고 있었어요. 그리고 한참동안 내

이야기를 들은 뒤에는 엉뚱한 소리를 늘어놓기 시작했어요.

"네가 무슨 착각을 한 모양이구나. 혹시 너 1년 구독 신청하지 않았니?"

"맞아요. 1년 구독 신청했어요."

"그렇다면 게임기는 당연히 안 주지. 게임기를 받으려면 3년 이상을 구독해야 하거든."

"뭐……뭐예요? 그런 말씀은 없으셨잖아요."

"꼭 그런 걸 말로 해야 하니? 계약서에 써 있는데 계약서를 읽지 않은 거니? 여기 이렇게 똑똑히 쓰여 있는데 말이다."

그러면서 아저씨는 학습지를 광고하는 전단지를 보여주셨어요. 자세히 보니 아주 작은 글씨로, '3년 구독 시 게임기 증정'이라고 적혀 있었어요. 정말 아저씨가 가르쳐 주지 않았다면 못보고 넘길 정도였지요. 하지만 아저씨는 당당했어요.

"보다시피 난 절대 사기를 친 것이 아니란다. 잘못이 있다면 계약 조건을 유심히 살피지 않은 너에게 있겠지. 그래도 덕분에 공부를 하게 되었으니, 오히려 내게 고마워해야 하지 않겠니?"

학습지 판매원은 죄가 있을까?

지금부터 사건번호 2014도331, 학습지를 신청하면 누구에게나 게임기를 준다는 거짓말을 한 학습지 판매원에 대한 판결을 내리겠습니다.

1 참가자의 한마디 & 최후 진술

학습지를 신청하면 게임기를 공짜로 준다는 상술로 저희 동심을 훔친 저 아저씨를 엄하게 처벌해 주세요.

유죄입니다 (검사)

존경하는 재판장님.
순진한 어린이들의 동심을 훼손하고 소비자를 속인 피고인을 엄하게 처벌해야 합니다.

① 「소비자기본법」에는 소비자가 물품 구매 시 물품에 대해 정확한 정보를 받도록 되어 있는데, 피고인은 이를 위반했습니다.
② 「약관규제법」에서는 계약서를 알기 쉽게 작성하고 고객이 계약 내용을 정확히 알 수 있도록 해야 하는데, 피고인은 이 또한 위반했습니다.
③ 결국, 피고인은 여러 법규를 위반해 피해자를 속여 이익을 얻었으므로, 「형법」상 사기죄로 처벌받아야 합니다.

난 분명히 계약서에 해당 내용을 썼는데, 아이들이 못 본 것뿐이에요. 난 법적으로 아무 잘못이 없다니까요!

무죄입니다 (변호사)

존경하는 재판장님.
피고인은 정상적인 거래를 하였을 뿐입니다. 법적으로도 아무런 잘못이 없습니다.

① 피고인은 학습지를 팔기 위해서 약간의 과장을 한 것이지 사기를 친 것이 아닙니다.
② 피고인은 나름대로 「소비자기본법」과 「약관규제법」을 준수했습니다.
③ 피고인의 행동은 지극히 정상적인 판매로 보아야 하고, 만약 사기죄가 문제가 되어도 「형법」상 정당행위로 봐주세요.

2 배심원의 판단

나는 학습지 판매원이 (무죄, 유죄)라고 생각합니다. 왜냐하면 _____

3 현명한 판사의 판결

소비자의 권리
「소비자기본법」에 따르면 소비자는 물품이나 서비스를 받으면서 신체적 보호를 받거나 구체적인 설명을 들을 수 있는 권리가 있어요.

「약관규제법」
계약서에 동반되는 여러 가지 문구들은 보기 쉽게 표시하거나 알기 쉽게 설명해줘야 한답니다. 그렇지 않으면 불공정약관이라고 해서 공정거래위원회에서 시정을 명령하지요.

사기죄
다른 사람을 속여서 손해를 끼치고 본인은 이익을 얻으려는 범죄예요.

피고인 학습지 판매원의 말, 피해자 시연이의 증언, 피고인이 시연이에게 게임기를 준다고 이야기를 나누는 장면을 목격한 친구들의 사실확인서, '3년 구독시 게임기 증정'이라는 내용이 작은 글씨로 적힌 계약서, 1년만 계약하기로 사인한 시연이의 학습지 신청계약서 등의 증거를 종합하면, 피고인은 피해자 시연이에게 게임기를 무료로 준다고 하면서 학습지 구독을 권유했고 피해자는 계약서를 잘 읽지 못한 상태에서 학습지를 구독하였으며 엉뚱한 계약서 규정에 따라 게임기를 받지 못한 사실을 인정할 수 있다.

이 사건에서 피고인과 시연이가 작성한 계약서를 보면 시연이가 게임기를 받을 수 없는 '1년 구독 신청'을 한 것이 사실이지만, 이러한 점에 대하여 피고인은 시연이에게 아무런 설명 없이 작은 글씨의 계약서를 주면서 읽어보게 했을 뿐이었다. 시연이는 계약서에 사인했고 구두로 피고인과 게임기에 대한 약속을 받은 바도 있다.

「대한민국 헌법」 제124조를 비롯한 관련 법률에 따르면, 소비자는 물품이나 서비스를 받는 거래(계약)에서 그 정보를 전달받을 권리와 계약서(약관)의 내용을 상세히 들을 권리가 있다. 그런데 피고인은 피해자가 어린아이라는 점을 이용하여, 소비자의 권리를 침해하고 약관의 설명의무를 위반하였다. 이로써 게임기를 주지 않고 학습지를 판매하여 재산상 이익을 얻었으므로 이는 「형법」 제347조가 금지하는 사기죄에 해당한다고 본다.

따라서 피고인에게는 「형법」 제347조제1항에 따라 사기죄가 성립하고 피고인을 벌금 1천만 원을 선고한다. 아울러 피해자는 「민법」 제110조제1항 등에 따라 계약을 취소할 수 있고, 피고인은 피해자에게 학습지 대금을 전액 돌려주어야 한다.

관련 법률

「소비자기본법」 제4조(소비자의 기본적 권리) 소비자는 다음 각 호의 기본적 권리를 가진다.
2. 물품 등을 선택함에 있어서 필요한 지식 및 정보를 제공받을 권리

「약관규제법」 제3조(약관의 작성 및 설명의무 등) ① 사업자는 고객이 약관의 내용을 쉽게 알 수 있도록 한글로 작성하고, 표준화·체계화된 용어를 사용하며, 약관의 중요한 내용을 부호, 색채, 굵고 큰 문자 등으로 명확하게 표시하여 알아보기 쉽게 약관을 작성하여야 한다.
② 사업자는 계약을 체결할 때에는 고객에게 약관의 내용을 계약의 종류에 따라 일반적으로 예상되는 방법으로 분명하게 밝히고, 고객이 요구할 경우 그 약관의 사본을 고객에게 내주어 고객이 약관의 내용을 알 수 있게 하여야 한다.

「민법」 제110조(사기에 의한 의사표시) ① 사기에 의한 의사표시는 취소할 수 있다.

사건번호 2014도332

학교생활

위험한 급식

유통 기한이 지난 소시지를 급식에 사용한 급식 업체 대표는 죄가 있을까?

지금부터 사건번호 2014도332의 모의재판을 시작하겠습니다. 시연이네 학교에서 유통 기한이 지난 소시지를 급식에 사용해서 아이들이 단체로 배탈이 났습니다. 아이들이 먹는 급식에 유통 기한이 지나 상할 수 있는 음식을 사용하는 것은 참으로 나쁜 일입니다. 이에 검사는 급식 업체 대표를 과실치상죄와 「식품위생법」 위반죄로 기소했습니다. 배심원 여러분은 이 경우 어떠한 판결을 내리시겠습니까? 그러면 사건번호 2014도332의 올바른 판결을 위해 사건의 내용을 알아보도록 하겠습니다.

부균이는 정말 청개구리 같았어요. 하라는 것은 하지 않고, 하지 말라는 것만 골라서 했거든요.

"길거리에서 파는 음식은 함부로 사 먹어서는 안 돼요. 위생상태가 불량한 경우가 많아서 자칫하다가는 배탈이 날 수 있거든요. 그러니 점심시간에는 몰래 나가서 다른 것을 먹지 말고 꼭 급식을 챙겨 먹도록 해요."

선생님의 말씀에 모두 고개를 끄덕였어요. 하지만 부균이만은 건성으로 고개를 끄덕이는 것이었어요.

"학교 급식이 안전하다는 말은 도저히 못 믿겠어."

부균이는 투덜대며 말했어요. 우리는 부균이가 또 청개구리 짓을 한다고 생각했어요. 보다 못한 내가 한 마디 해주었지요.

"학교 급식은 우리의 건강을 위한 식단으로 짜여 있어. 그래서 입맛에는 맞지 않을 수도 있지. 하지만 입에 쓴 것이 몸에도 좋다는 말이 있잖아. 그러니 건강을 위해서라도 투정부리지 말고 꼬박꼬박 급식을 챙겨 먹도록 해."

"쳇. 맛이 없어서 그런 게 아니야. 난 봤어. 모두 봤다고."

"보긴 뭘 봤다는 거야?"

"궁금하면 학교 뒷마당에 있는 쓰레기장을 뒤져 봐. 그럼 학교 급식이 절대 안전하지 않다는 걸 알 수 있을 거야."

"대체 그게 뭔데?"

부균이는 더 이상의 대답을 꺼렸어요. 아마도 마땅히 댈 핑계가 없었기 때문이라고 생각했어요.

그 날 점심 급식에는 내가 좋아하는 소시지가 반찬으로 나왔어요. 부균이의 말 때문에 약간 꺼림칙한 마음도 들었지만 좋아하는 소시지를 마다할 수는 없었어요.

"더 주세요. 소시지 많이 주세요."

급식을 배식해주는 아줌마에게 사정해서, 소시지를 잔뜩 받아다가 먹었어요. 그리고 교실에 돌아온 나는 밀려오는 식곤증을 못 이기고 철퍼덕 책상 위에 엎어졌어요. 그런데 얼마쯤 지났을까, 배가 살살 아파져 오기 시작했어요.

'소시지를 너무 많이 먹었나?'

나는 하는 수 없이 화장실로 향했어요. 그런데 웬일인지 여느 때와 다르게 화장실이 몹시 붐볐어요. 비단 여자 화장실뿐만 아니라, 남자 화장실도 사정은 마찬가지였어요.

'대체 이게 무슨 일이래? 다들 뭐라도 잘못 먹었나?'

그 순간, 급식이 잘못되었을지 모른다는 생각이 들었어요. 그리고 부균이가 했던 말도 떠올랐어요. 급한 볼일을 해결하고 학교 뒷마당으로 달려가 보았어요.

마침 쓰레기 분리수거장에는 급식을 만드는 주방장 아저씨가 쓰레기를 버리고 있었어요. 아저씨가 버린 쓰레기 중에는 점심때 급식으로 나온 소시지의 포장지도 있었어요. 아저씨 몰래, 포장지를 살펴보았더니 이럴 수가, 유통 기한이 훨씬 지난 것이었어요.

'부균이가 말한 게 바로 이거구나.'

많은 아이들이 한꺼번에 배탈이 난 건 유통 기한이 지난 소시지를 먹었기 때문이 분명했어요. 이를 알고도 가만히 있을 수는 없었지요. 나는 대뜸 쓰레기를 버리고 있는 아저씨에게 따져 물었어요.

"아저씨. 이게 뭐에요? 어린이들이 먹는 음식에 유통 기한이 지난 식자재를 쓰시면 어떡해요."

그러나 아저씨는 오히려 당당했어요.

"유통 기한이 지났어도 냉장고에 놔둬서 상하지 않은 거 같은데 무슨 문제가 있니?"

"지금 여러 아이들이 배탈이 났단 말이에요. 그래도 아무 문제없다고 하실 거예요?"

"뭐……뭐야?"

그제야 아저씨는 사태의 심각성을 깨달은 모양이었어요. 그래서였는지 갑자기 말을 바꾸는 것이었어요.

"네가 무슨 오해를 한 모양이구나. 유통 기한이 지난 그 소시지는 급식에 나간 것이 아니라, 우리가 먹어치운 것이란다. 유통 기한이 지난 음식은 버리기도 뭐해서 냉장고에 뒀다가 우리가 먹곤 하거든."

"뭐……뭐예요? 유통 기한이 지난 음식은 이미 상했을 수도 있고 냉장고에 보관하는 것 자체가 불법이란 건 모르세요?"

"난 그런 법 모른다. 그리고 아이들이 유통 기한이 지난 음식을 먹어서 배탈이 났다는 증거라도 있니? 공연히 생사람 잡지 마라."

아저씨는 어떻게든 위기를 모면하려고만 했어요. 나는 그런 아저씨에게 몇 마디 더 해주고 싶었어요. 하지만 배가 또 아파오는 바람에 다시 화장실로 달려갈 수밖에 없었어요.

급식 업체 대표는 죄가 있을까?

지금부터 사건번호 2014도332, 유통 기한이 지난 소시지를 급식에 사용한 급식 업체 대표에 대한 판결을 내리겠습니다.
(새로 제정된 「어린이 식생활 안전관리 특별법」에서는 어린이 식생활, 어린이 급식 등의 안전을 더욱 보호하고 있습니다.)

1 참가자의 한마디 & 최후 진술

아이고, 배야. 이게 무슨 일인가요? 유통 기한이 넘은 음식 때문에 배탈이 났잖아요.

유죄입니다 (검사)

존경하는 재판장님.
아이들의 건강은 소중하게 보호되어야 하는데, 피고인은 돈에 눈이 멀어 많은 아이를 아프게 했습니다.

① 「식품위생법」에 따르면 사람의 건강을 해칠 수 있는 식품을 제조하거나 판매하면 안 되는데, 피고인은 이를 위배했습니다.
② 피고인이 유통 기한이 지난 소시지를 급식 재료로 사용해 피해자들이 아프게 된 것은 「형법」상 과실치상죄에 해당합니다.

유통 기한이 지났어도 상하지 않아 급식에 사용한 것뿐이지 나쁜 의도는 없었어요.

무죄입니다 (변호사)

존경하는 재판장님.
증명된 사실은 아무것도 없으니, 피고인은 무죄입니다.

① 유통 기한이 지난 소시지 포장지가 발견되었다고 해서 급식에 사용되었다고 볼 수 없으니 유죄가 될 수는 없습니다.
② 만약 유통 기한이 지난 소시지를 아이들이 먹었다고 해도 심각하게 다치진 않았으니 피고인은 아무런 책임이 없습니다.
③ 결국, 구체적인 증거가 없으므로 피고인은 무죄입니다.

2 배심원의 판단

나는 급식 업체 대표가 (무죄, 유죄)라고 생각합니다. 왜냐하면 _____

3 현명한 판사의 판결

피고인 급식 업체 대표의 말, 피해자 시연이와 친구들의 증언, 유통 기한이 지난 소시지 포장지, 피해자들이 살모넬라균, 티푸스균에 중독되었다는 내과 전문의의 진단서, 피해자들이 먹다 남긴 소시지 조각에서 식중독균이 다량 발견되었다는 식품위생 담당 공무원의 현장조사결과서 등의 증거를 종합하면, 피고인은 학교 내에서 집단급식소를 운영하며 급식을 하던 중 유통 기한이 지난 소시지를 조리하여 피해자들에게 제공해 피해자들이 식중독에 걸린 사실을 인정할 수 있다.

식품의 안전하고 위생적인 관리는 국민의 건강을 위하여 꼭 필요한 것이기에, 「식품위생법」에서는 여러 가지 준수의무를 담고 있다. 특히 유통 기한은 단순한 숫자에 불과한 것이 아니라 그 기한을 넘은 음식물이 인체에 해로울 가능성이 높아지기 때문에 엄격하게 지켜야 한다.

본 법원이 판단하건대, 피고인은 유통 기한이 지난 소시지를 냉장고에 보관한 부분만으로도 「식품위생법」 위반이며 이 소시지가 식중독균에 노출된 이후에 조리에 사용되어 결국 피해자들이 복통에 시달리게 된 것으로 보인다. 담당 공무원의 현장조사결과서, 피해자들의 진단서 등을 통해서도 충분히 피고인이 인체의 건강을 해칠 우려가 있는 식품을 제공한 것으로 볼 수 있고 과실로 사람을 다치게 한 과실치상죄 부분도 인정될 수 있다. 피고인은 계속해서 자신의 범행을 부인하고 사과와 변상조치 등을 하지 않고 있으므로, 이는 형량에서 반드시 고려할 부분이다.

따라서 피고인에게는 「식품위생법」 제94조제1항1호, 제4조, 「형법」 제266조제1항에 따라 「식품위생법」 위반죄, 과실치상죄가 성립하고 피고인을 징역 1년 및 벌금 5천만 원을 선고한다.

「식품위생법」위반죄
사람의 건강을 해칠 수 있는 식품을 팔거나 식품을 다루는 여러 위생준수사항을 위반하는 범죄랍니다.

과실치상죄
실수(과실)로 다른 사람의 신체를 다치게 하는 범죄랍니다. 우리가 운전하다가 조작 실수로 사람을 다치게 해도 이 죄가 문제될 수 있죠. 고의 범죄가 아니라 과실로 범했다는 게 중요해요.

유죄의 증명
「형사소송법」에 따르면 유죄가 되기 위해서는 증거가 필요하답니다. 때론 혐의가 짙은데도 증거가 부족해서 풀려나는 악질 범죄자도 있죠.

「식품위생법」
제4조(위해식품 등의 판매 등 금지) 누구든지 다음 각 호의 어느 하나에 해당하는 식품 등을 판매하거나 판매할 목적으로 채취 · 제조 · 수입 · 가공 · 사용 · 조리 · 저장 · 소분 · 운반 또는 진열하여서는 아니 된다.
1. 썩거나 상하거나 설익어서 인체의 건강을 해칠 우려가 있는 것
3. 병(病)을 일으키는 미생물에 오염되었거나 그러할 염려가 있어 인체의 건강을 해칠 우려가 있는 것
제94조(벌칙) ① 다음 각 호의 어느 하나에 해당하는 자는 7년 이하의 징역 또는 1억 원 이하의 벌금에 처하거나 이를 병과할 수 있다.
1. 제4조부터 제6조까지를 위반한 자

학교생활

수목원에서 생긴 일

소풍으로 간 수목원에서 다친 부균이에게 수목원은 배상책임이 있을까?

지금부터 사건번호 2014다333의 모의재판을 시작하겠습니다. 부균이네 반에서는 수목원으로 소풍을 갔습니다. 그런데 수목원에서 맨발 체험을 하던 중 부균이가 유리조각에 찔려 다치고 말았습니다. 하지만 수목원은 부균이가 다친 것에 대한 책임이 없다는 입장이군요. 결국 부균이는 원고가 되어 수목원을 상대로 손해배상소송을 제기했습니다. 배심원 여러분은 이 경우 어떠한 판결을 내리시겠습니까? 그러면 사건번호 2014다333의 올바른 판결을 위해 사건의 내용을 알아보도록 하겠습니다.

소풍을 어디로 가느냐로 한동안 학교가 떠들썩했어요. 선생님은 아이들을 안전하게 통솔할 수 있는 곳으로 가길 바라셨고, 아이들은 재미있는 놀잇거리가 많은 곳으로 가길 원했어요. 특히나 청개구리 부균이는 줄기차게 놀이공원에 가야 한다고 열변을 토하고 다녔지요. 그러나 그런 부균이의 간절한 바람은 이루어지지 못했어요. 소풍 장소가 어느 회사에서 운영하는 사설 수목원으로 정해졌기 때문이에요.

"대체 나무 보는 게 뭐가 재미있다고 수목원을 간다냐. 나무가 말이라도 한다냐."

수목원으로 가면서 부균이는 내내 투덜댔어요. 우리도 말은 하지 않았지만 부균이의 생각과 별반 다르지 않았어요. 그런데 막상 수목원에 도착하니, 눈부시게 푸른 세상은 우리의 마음을 설레게 하였어요.

"이제부터 우리는 숲길을 걸으며 삼림욕을 할 거예요."

숲길로 들어가기 전에 선생님은 말씀하셨어요. 그러자 부균이는 기다렸다는 듯이 말장난을 걸어왔어요.

"선생님. 삼림욕이 뭐예요? 숲 속에서 목욕이라도 하나요?"

부균이가 말하자 아이들은 모두 깔깔대며 웃었어요. 그런데 뜻밖에도 선생님은 고개를 끄덕이는 것이었어요.

"맞아요. 삼림욕이란 숲에서 하는 목욕을 말해요."

"네?"

모두 놀란 표정을 감추지 못했어요. 그리고 몇몇 여자아이들은 비명을 질러대기도 했어요. 그 모습을 보고 선생님은 재미있다는 듯 미소를 지으셨지요.

"걱정하지 말아요. 삼림욕은 옷을 벗고 하는 목욕이 아니니까요. 나무가 우거진 곳에서 맑고 상쾌한 공기를 마시면 몸과 마음이 깨끗해지잖아요? 그래서 숲 속에서 하는 목욕이란 뜻의 삼림욕이라고 한답니다."

선생님은 나무에서 피톤치드란 방향 물질이 나오는데, 살균 효과가 있어 건강에 좋다는 말씀도 해주셨어요. 우리는 모두 숲길을 걸으며 그동안 공부를 하느라 지친 몸과 마음을 정화했어요.

"처음엔 수목원에 온다고 해서 실망했는데 막상 오니 오길 잘했다는 생각이 들어."

"맞아. 사람들이 북적이는 놀이공원보다 여기가 훨씬 나은 거 같아."

처음과 달리 점점 만족스러운 소풍이 되어 가고 있었어요. 삼림욕으로 몸과 마음이 정화되면서 아이들의 얼굴에는 저마다 웃음꽃도 피웠지요. 물론 부균이만은 여전히 불만 가득한 얼굴을 하고 있었지만요.

숲길을 빠져나오자 곧이어 자갈길이 펼쳐졌어요. 그리고 안내 표지판에는 신발을 벗고 맨발로 걸어보라는 안내 문구가 적혀 있었어요. 호기심이 생긴 우리는 하나둘 신발을 벗고 자갈길을 걸어 보았어요.

"아, 따가워."

맨발로 자갈을 밟으니 발바닥이 간질거리고 따끔거렸어요. 그 바람에 세희는 괴성을 지르기도 했지요. 그래도 계속 걷다 보니 지압이 되면서 발이 시원해지는 것이 느껴졌어요.

"쳇. 뭐가 재미있다고 저 난리들이람."

부균이는 여전히 투덜댔어요. 그러면서도 호기심이 생겼는지 따라서 맨발로 자갈길을 걷기 시작했지요. 그리고는 이내 신이 나서 폴짝 폴짝 뛰기까지 했어요.

"거봐. 결국 할 거면서 투덜대긴."

부균이가 즐거워하는 모습을 보고, 우리 모두는 깔깔대며 웃었어요. 그런데 그때였어요.

"아악."

부균이가 갑자기 주저앉더니 발을 움켜쥐고 괴로워했어요. 놀라서 달려가 보니, 부균이 발에는 날카로운 유리조각이 박혀 있었어요.

"무슨 일이니?"

비명 소리를 듣고, 선생님이 달려오셨어요. 그리고 뒤이어 수목원을 관리하는 아저씨도 달려 왔어요. 선생님은 그런 아저씨에게 따지며 말했어요.

"도대체 시설 관리를 어떻게 하시는 거예요?"

그러나 관리원 아저씨는 아무 잘못도 없다는 반응이었어요.

"쯧쯧. 그러게 알아서 조심했어야죠. 맨발로 걸으면서 바닥에 뭐가 떨어진 지도 모르고 걸으면 어쩝니까?"

"어머머. 저렇게 표지판에는 맨발로 안심하고 걸어도 된다고 해놓았잖아요."

"아니 그럼 숲길을 걷다가 돌부리에 걸려 넘어져도 우리 책임이란 말씀이십니까? 그리고 저 유리 조각이 원래 있던 건지 아니면 여기 학생들 중 누가 버린 건지 어찌 압니까? 관리인이 청소까지 할 수는 없죠."

선생님과 관리원 아저씨는 언성을 높이며 싸웠어요. 일단은 다친 부균이를 병원으로 데려가는 게 먼저일 텐데 말이지요.

수목원은 배상책임이 있을까?

지금부터 사건번호 2014다333, 관리 소홀로 부균이를 다치게 한 수목원에 대한 손해배상청구사건을 진행하겠습니다.

1 참가자의 한마디 & 최후 진술

원고 부균이: 아이고, 맨발로 체험하는 곳에 유리 조각이 있을 줄이야. 발에서 피도 나고 너무 아파요!!

배상해야 합니다
(원고 변호사)

존경하는 재판장님.
그냥 길을 가다가 다쳐도 책임을 묻는 세상인데, 이처럼 민간 시설이라면 더욱 책임을 져야 합니다.

1. 원고는 입장료를 내고 수목원을 이용하다 다치게 되었으므로 피고는 보호의무 불이행으로 인한 채무불이행 책임을 져야 합니다.
2. 채무불이행 책임과 함께 시설물(공작물)의 소유자로서 피고는 원고에게 불법행위책임을 부담해야 합니다.
3. 어느 경우이든 피고는 원고에게 치료비, 위자료를 비롯한 모든 손해를 배상해야 합니다.

피고 수목원 대표이사: 우리는 오늘 아침에 분명히 청소했어요. 누군가 일부러 유리 조각을 넣은 걸 수도 있는데, 우리가 왜 책임을 져야 합니까?

배상 의무가 없습니다
(피고 변호사)

존경하는 재판장님.
이번 사건은 누군가 고의로 맨발 체험장에 유리 조각을 넣은 것입니다. 피고는 전혀 모르는 일이며 책임도 없습니다.

1. 맨발체험을 해도 된다고 한 것은 사실이지만, 유리 조각은 피고도 모르는 일입니다. 단지 원고와 그 친구들이 병을 깨서 사건이 발생한 것 같습니다.
2. 피고는 아무런 고의나 과실이 없으므로 채무불이행 책임은 물론 불법행위 책임을 부담하지 않습니다.
3. 만약 책임을 진다고 해도 원고의 과실을 인정하여 배상책임을 줄여주시기 바랍니다.

2 배심원의 판단

나는 수목원이 (배상의무가 있다, 배상의무가 없다)라고 생각합니다. 왜냐하면

3 현명한 판사의 판결

채무불이행책임
계약을 위반한 것에 대하여 책임을 묻는 거예요. 백화점에 물건을 사러 갔는데 바닥에 바나나껍질이 있어서 미끄러져도 채무불이행책임이 문제가 될 수 있어요. (독일 판례)

불법행위책임
법을 위반하여 고의나 과실로 다른 사람에게 손해를 끼치면 불법행위가 된답니다. 시설물의 문제점(하자)으로 손해를 입으면 점유자·소유자가 책임을 지지요.

과실상계제도
손해배상을 구하는 사람에게도 과실이 있으면, 배상할 때 상대방의 배상책임을 줄여주는 거예요.

원고 부균이와 피고 수목원 대표이사의 주장, "맨발로 걸어보아요"라는 문구가 적힌 맨발체험장의 사진, 부균이 발에서 발견된 3cm 상당의 유리조각, 부균이가 앞으로 3주간 입원치료를 받아야 한다는 의사의 진단서 등의 증거를 종합하면, 원고는 피고가 운영하는 수목원의 맨발체험장에 들어갔다가 바닥에 있던 유리 조각에 찔려 크게 다쳤고 결국 입원하게 된 사실을 인정할 수 있다. 이에 대하여 피고는 맨발체험장의 유리 조각은 전혀 알 수 없었으며 청소와 시설관리에 전혀 소홀함이 없었다고 주장하고 있다.

계약을 맺은 사람들은 서로에게 약속한 내용대로 실행해야 하고 그에 위반되는 행동을 하면 채무불이행 책임을 부담할 수 있으며, 채무불이행이 있으면 손해배상책임까지 발생할 수 있다. 이번 사건에서 원고는 피고의 수목원에서 안전하고 편안히 휴식하는 계약을 맺었는데 피고의 수목원에 있던 맨발체험장의 관리가 소홀해서 결국 유리 조각에 찔리는 중상을 입게 되었고, 이는 피고가 시설관리를 주기적으로 꼼꼼하게 하지 못했기 때문으로 보인다. 결국 피고는 계약상의 안전한 시설 제공 의무, 보호 의무 등을 위반하여 「민법」 제390조의 채무불이행책임을 부담하게 된다. 또한 피고는 시설물(공작물)의 소유자로서 그 시설물의 문제점으로 손해를 입은 사람에게 불법행위책임을 져야 하며 「민법」 제758조에 따른 손해배상책임을 부담하게 된다. 어느 경우이든 피고는 원고에게 치료비, 위자료(위로금), 일실손해금(학업을 못하는 손해) 등을 배상하는 것이 맞다. 피고는 과실상계를 주장하고 있으나, 유리 조각에 찔린 어린이인 원고에게 특별한 과실이 있다고 보기 어려우므로 이 주장은 기각한다.

따라서 피고는 원고에게 「민법」상 채무불이행책임, 불법행위책임을 부담하므로 치료비 등의 모든 손해를 배상해야 한다.

  관련 법률

「민법」
제390조 (채무불이행과 손해배상) 채무자가 채무의 내용에 좇은 이행을 하지 아니한 때에는 채권자는 손해배상을 청구할 수 있다. 그러나 채무자의 고의나 과실없이 이행할 수 없게 된 때에는 그러하지 아니하다.
제758조 (공작물 등의 점유자, 소유자의 책임) ① 공작물의 설치 또는 보존의 하자로 인하여 타인에게 손해를 가한 때에는 공작물점유자가 손해를 배상할 책임이 있다. 그러나 점유자가 손해의 방지에 필요한 주의를 해태하지 아니한 때에는 그 소유자가 손해를 배상할 책임이 있다.

위기일발, 세희의 납치 미수 사건

세희에게 거짓말을 해서 차에 태우려고 한 아줌마는 죄가 있을까?

지금부터 사건번호 2014도334의 모의재판을 시작하겠습니다. 어느 날, 세희에게 엄마의 친구라는 아줌마가 찾아와 피자를 사주었습니다. 그리고 그다음에는 엄마가 다쳤다며 세희를 차에 태우고 어디론가 가려고 했습니다. 다행히도 시연이가 옆에 있어서 아무 일도 일어나지 않았지만 매우 위험한 상황이었습니다. 최근에 아이들에게 호감을 사면서 나중에 이상한 곳으로 데려가는 어른들이 종종 있습니다. 이에 검사는 아줌마를 미성년자유인 미수죄로 기소했습니다. 배심원 여러분은 이 경우 어떠한 판결을 내리시겠습니까? 그러면 사건번호 2014도334의 올바른 판결을 위해 사건의 내용을 알아보도록 하겠습니다.

방과 후에 학교 근처에서 세희랑 피자를 먹고 있는데, 웬 아줌마가 세희를 알아보고 다가왔어요.

"네가 세희 맞지?"

"그……그런데요."

"반갑다. 난 네 엄마 친구야."

"아……안녕하세요."

"여기서 만난 것도 인연인데, 이 아줌마가 피자값 계산하고 갈게. 맛있게 먹어라."

아줌마는 우리 테이블에 놓인 계산서를 가지고 나갔어요. 우리는 환호성을 내질렀지요.

"와, 이게 웬 떡, 아니 피자냐."

"그러게 말이야. 완전 운수 좋은 날이다."

굳은 돈으로 스티커 사진도 찍고 액세서리도 사며 즐거운 시간을 보냈어요. 그런데 며칠 뒤였어요. 학교를 마치고 세희와 함께 집에 가고 있는데, 누군가 뒤에서 차로 빵빵거리는 것이었어요. 놀라서 돌아보니, 차에는 얼마 전 우리에게 피자를 사주셨던 그 아줌마가 타고 있었어요. 아줌마는 다급한 표정으로 말했지요.

"세희야. 어서 타렴. 한시가 급하단다."

"무……무슨 말씀이세요?"

"조금 전에 네 엄마가 사고를 당해 병원에 실려 가셨어. 나랑 같이 가야 해. 어서 내 차에 타렴. 서둘러야 해."

"뭐……뭐라고요?"

놀란 세희는 아무 의심도 없이 아줌마의 차에 올라타려 했어요. 그런데 가만 생각해보니 뭔가 꺼림칙한 것이 있었어요. 나는 차에 타려는 세희를 잡아끌고 귓속말로 말했어요.

"잠깐만. 세희야."

"왜 그래? 나 빨리 엄마한테 가봐야 한단 말이야."

"먼저 전화기부터 확인해 볼래? 그런 급한 일이 생겼다면 전화가 먼저 걸려 왔을 거 아니니?"

"아. 그렇구나."

세희는 내 말대로 휴대 전화를 꺼내 보았어요. 그런데 전화기에는 부재 중 전화는커녕, 문자 한 통도 와 있지 않았어요.

"역시 저 아줌마, 너무 수상해."

"그렇긴 하지만. 저분은 우리 엄마 친구분이잖아."

"그건 저분 말이지. 직접 너희 어머니한테서 확인해 본 건 아니잖니. 일단 뒤따라간다고 하고, 먼저 가시라고 해."

"아……알았어."

세희는 내 말대로 아줌마에게 말했어요. 그러자 아줌마는 당황한 표정을 짓더니 차를 몰고 가버렸어요. 그리고 세희는 곧바로 엄마에게 전화를 걸었어요.

"여보세요. 엄마 괜찮아요?"

"얘가 왜 자다가 봉창 두들기는 소리야. 엄마 지금 마사지 받는 중이니까 할 말 있으면 문자로 보내라."

크게 다쳤다던 세희 어머니의 목소리는 여느 때보다 더 쨍쨍하게 들려

왔어요. 그제야 우리는 아줌마에게 속을 뻔했다는 것을 알게 되었지요.

"하마터면 큰일 날 뻔했다. 그런데 대체 왜 날 데리고 가려 했던 거지?"

"뻔하지 뭐. 아무래도 이 일을 경찰에 알려야 할 것 같아."

우리는 경찰서를 찾아가, 그동안 있었던 일을 이야기했어요. 그리고 며칠 뒤, 뉴스에서는 뜻밖의 소식이 전해졌어요.

"세상에나. 초등학생을 납치해서 부모에게 돈을 요구했던 여자가 잡혔다네요."

"쯧쯧. 아무리 돈이 좋다지만, 어린 학생을 유괴할 생각을 하다니. 그런데 납치된 학생은 왜 아무 의심도 안하고 저 여자의 차에 탔을까?"

"평소에 맛있는 것도 사주며 환심을 샀다네요. 뻔한 수법이죠."

뉴스를 보면서 나는 놀란 가슴을 쓸어 내려야만 했어요. 비록 모자이크로 가려져 잘 보이지는 않았지만, 텔레비전 속에 나온 범인의 얼굴은 지난 번 세희를 태우려 했던 그 아줌마가 틀림없어 보였기 때문이에요.

아줌마는 죄가 있을까?

지금부터 사건번호 2014도334, 세희에게 거짓말을 해서 차에 태우려고 한 아줌마에 대한 판결을 내리겠습니다.

1 참가자의 한마디 & 최후 진술

피해자 세희: 저 아줌마는 거짓말을 정말 그럴듯하게 했어요. 내가 만약 따라갔다면 어떻게 됐을까요? 정말 무서워요. 흑흑.

유죄입니다 (검사)

존경하는 재판장님.
아동납치범죄는 사회적으로 없어져야 할 무서운 범죄입니다.

1. 피고인은 세희를 납치하여 끔찍한 범죄를 저지르려고 했습니다. 일반 「형법」이 아니라 「특정범죄가중처벌법」으로 처벌해주세요.
2. 다행히 납치가 실행되지는 않았지만 끔찍한 아동범죄가 발생할 수도 있었던 상황이었습니다.
3. 죄를 뉘우치지 않는 피고인을 엄하게 처벌해 주시기 바랍니다.

피고인 아줌마: 저는 단지 세희와 친해지고 싶었던 거지 다른 뜻은 없었어요.

무죄입니다 (변호사)

존경하는 재판장님.
피고인은 세희를 납치하지도 않았고, 세희를 납치하려고 했다는 증거도 없습니다.

1. 피고인이 일부 거짓말을 한 것은 사실이지만, 단지 세희에게 친근함을 느껴 접근했던 것입니다. 이런 사실들은 아무런 범죄가 되지 않습니다.
2. 세희를 어디로 데리고 가려고 한 것이 아니라 조용히 이야기를 나누고 싶었던 겁니다. 범죄의 고의가 없었습니다.
3. 만약 범죄가 되는 행동이었어도, 미수에 그쳤으니 용서해주세요.

2 배심원의 판단

나는 아줌마가 (무죄, 유죄)라고 생각합니다. 왜냐하면 _____

3 현명한 판사의 판결

피고인 아줌마의 말, 피해자 세희의 증언, 사건현장을 목격한 친구들의 진술서, 아줌마와 세희 엄마는 전혀 모르는 사이였으며 피고인이 무슨 목적으로 세희를 데려가려 했는지 확인되지 않았다는 경찰관의 사건조사결과서 등의 증거를 종합하면, 피고인은 피해자인 세희의 가족과 전혀 모르는 사이였음에도 세희에게 친근감을 표시하고 나중에는 차에 태워 다른 곳으로 세희를 데려가려고 한 사실을 인정할 수 있다.

아동을 상대로 한 납치범죄는 나쁜 범죄이고 전 세계적으로 없어져야 하는 범죄임에 틀림없다. 우리나라에서도 여러 번 이런 사건이 일어나서 애꿎은 아이들이 죽기도 하고 가족들이 큰 아픔을 겪곤 했다. 앞으로 이런 범죄를 없애기 위해서는 범죄자를 신속히 잡고 엄하게 처벌해야 할 필요가 있다. 우리 대법원도 아동납치 후 살해범죄에 대하여는 사형판결을 내린 판례가 많다.

이번 사건에서 피고인은 아무런 목적 없이 세희를 데리고 가려했다고 하지만 나중에 돈을 요구하거나 위협을 가하려고 한 것인지는 아직 불분명하다. 이런 경우 「특정범죄가중처벌법」의 적용은 쉽지 않다. 그러나 세희를 거짓으로 속여 데리고 가려 한 행동은 그 자체로도 「형법」 제294조, 제287조의 미성년자유인죄의 미수범이 되며 그에 따라 처벌이 가능하다. 미수범은 형을 감경할 수 있지만, 피고인의 반성이 전혀 없으므로 형을 감경해주지 않는다.

따라서 피고인에게는 미성년자약취유인 미수죄가 성립하고 피고인을 징역 2년에 처한다.

아동납치범죄
아동(미성년자)을 억지로 끌고 가거나 유혹해서 데리고 가는 범죄가 약취죄, 유인죄랍니다. 그런데 만약 돈을 목적으로 그런 범죄를 저지르면 「특정범죄가중처벌법」에 따라 가중처벌이 됩니다. 앞으로 전 세계에서 사라져야 하는 범죄이지요.

미수범죄
범죄를 저질렀는데 결과가 나오지 않거나 범죄를 스스로 중단한 경우를 미수범죄라고 해요. 경우에 따라 미수범죄는 형량을 줄여주기도 한답니다.

관련 법률

「형법」 제287조(미성년자의 약취, 유인) 미성년자를 약취 또는 유인한 사람은 10년 이하의 징역에 처한다.
「형법」 제294조(미수범) 제287조부터 제289조까지, 제290조제1항, 제291조제1항과 제292조제1항의 미수범은 처벌한다.
「특정범죄 가중처벌 등에 관한 법률」 제5조의2(약취·유인죄의 가중처벌) ① 「형법」 제287조의 죄를 범한 사람은 그 약취(略取) 또는 유인(誘引)의 목적에 따라 다음 각 호와 같이 가중처벌한다.
1. 약취 또는 유인한 미성년자의 부모나 그 밖에 그 미성년자의 안전을 염려하는 사람의 우려를 이용하여 재물이나 재산상의 이익을 취득할 목적인 경우에는 무기 또는 5년 이상의 징역에 처한다.
2. 약취 또는 유인한 미성년자를 살해할 목적인 경우에는 사형, 무기 또는 7년 이상의 징역에 처한다.

사건번호 2014다335

학교생활

배우리 초등학교 최강 주먹 결정전

아이들의 싸움을 말리지 못한 학교는 법적 책임이 있을까?

지금부터 사건번호 2014다335의 모의재판을 시작하겠습니다. 승규와 영태의 팔씨름 대결이 결국엔 큰 싸움으로 번졌습니다. 이를 심각하게 생각한 시연이가 학교 선생님에게 도움을 요청하러 갔지만, 점심시간이라 교무실엔 아무도 없었습니다. 결국 승규와 영태는 크게 다쳤습니다. 이에 아이들의 부모님들이 원고가 되어 학교에 폭력사건 해결과 방지를 요청하는 학교폭력해결 의무 이행소송이 열렸습니다. 배심원 여러분은 이 경우 어떠한 판결을 내리시겠습니까? 그러면 사건번호 2014다335의 올바른 판결을 위해 사건의 내용을 알아보도록 하겠습니다.

쉬는 시간을 이용해 꿀잠을 자고 있는데 옆 반에서 떠들썩한 소리가 들려왔어요. 무슨 구경이라도 났나 하고 가보니, 우리 반 승규가 옆 반 영태와 팔씨름 대결을 펼치고 있었어요.

"승규야. 좀만 더 힘내."

"영태 파이팅."

승규는 우리 반에서 가장 힘이 셌어요. 하지만 영태도 그 반에서는 첫 손가락에 꼽히는 파워맨이었어요. 그러니 두 사람의 대결은 아이들의 관심을 끌 만했어요. 아이들은 목청이 터지라고 응원했어요. 물론 우리 반 아이들은 승규를, 옆 반 아이들은 영태를 응원했어요.

뒤늦게 합류한 나도 같은 반인 승규를 응원했어요. 그런데 팽팽할 것 같은 승부는 점점 영태 쪽으로 기울었어요. 승규가 마지막으로 안간힘을 써 보았지만 결국 승부를 뒤집지는 못했어요.

"영태가 이겼다. 만세."

영태가 이기자 옆 반 아이들은 교실이 떠나가라 환호성을 내질렀고 우리 반 아이들은 몹시 분해했어요. 그런데도 승규는 별거 아니란 듯 호탕하게 웃어 보였어요.

"하하하. 제법인데. 하지만 다음에 붙으면 그땐 절대 안 진다."

"그래. 다음에 다시 붙어보자."

영태도 그런 승규의 어깨를 토닥이며 격려했어요. 정정당당하게 승부를 겨루고 서로를 다독여주는 모습이 무척이나 훈훈하게 느껴졌어요. 그런데 그 날 이후, 아이들은 저마다 쑥덕대기 시작했어요.

"승규랑 영태랑 싸우면 누가 이길까?"

"그야 당연히 영태가 이기지. 지난번에 팔씨름하는 거 못 봤어?"

"하지만 팔씨름과 싸움은 완전히 다르지. 듣자하니 승규는 어렸을 때부터 유도를 했다더라."

"무슨 소리. 영태는 태권도를 했어."

승규도 영태도 서로를 의식하지 않을 수 없게 되었고, 어느새 승규와 영태가 한 판 붙는다는 소문이 교내에 파다하게 퍼졌어요. 그리고 결국 터질게 터지고야 말았어요.

"야, 박영태. 너랑 나랑 누구의 주먹이 센지 겨뤄보자."

"바라던 바다. 그 콧대를 납작하게 해주마."

점심시간이 되자, 승규와 영태는 나란히 옥상으로 올라갔어요. 그리고 구경을 하기 위해 몰린 아이들이 두 아이의 주위를 에워쌌어요.

"승규 파이팅."

"영태 이겨라."

팔씨름 대결에서처럼, 아이들은 두 패로 나뉘어 응원대결을 펼쳤어요. 아이들은 싸움이 팔씨름과 다른 폭력이란 사실을 도통 모르는 듯했어요.

"간다. 각오해라."

"얼마든지 올 테면 와 봐. 묵사발을 만들어주마."

승규가 호기롭게 먼저 주먹을 날렸고, 영태도 지지 않고 주먹

을 뻗었어요. 그리고 이내 두 아이는 뒤엉켜 땅바닥을 뒹굴기 시작했어요.

"얘들아. 뭐하고 있어? 어서 싸움을 말려."

뒤늦게 옥상으로 올라온 나는 어떻게든 싸움을 말려보려고 애썼어요. 하지만 혼자의 힘으로는 역부족이었어요. 게다가 아이들은 싸움이 도중에 멈추는 것을 바라지 않는 듯했어요. 누가 이기나 보고 싶은 마음 때문이겠지요.

'이러다가 둘 다 크게 다치겠어.'

하는 수 없이 선생님을 모셔오기 위해 교무실로 달려 내려갔어요. 그런데 점심시간이라 그런지 교무실 안은 텅 비어 있었어요. 교장 선생님을 찾아봐도 계시지 않았어요.

'이 일을 어쩌면 좋아.'

이러지도 못하고 저러지도 못하고 발만 동동 구를 수밖에 없었어요. 그리고 한참 뒤에야 선생님을 모시고 옥상으로 올라갔지요. 그러나 이미 싸움은 끝난 뒤였고, 승규와 영태는 만신창이가 되어 있었어요. 들자하니 둘은 용호상박이라 승패도 가르지 못했다고 하네요.

결국 두 아이는 크게 다쳐서 나란히 병원 신세를 져야 했어요. 아무리 점심시간이라지만, 교무실에 선생님이 한 분만 남아 계셨더라도, 승규와 영태가 덜 다쳤을 텐데 하는 아쉬움이 남았답니다.

학교는 법적 책임이 있을까?

지금부터 사건번호 2014다335, 학교폭력사건의 방지와 해결을 촉구하는 의무이행소송사건에 대한 판결을 내리겠습니다.

1 참가자의 한마디 & 최후 진술

(원고 학교 어머니회 일동) 아니, 우리 아이들이 이런 폭력에 노출되어 있다니요. 도대체 선생님들은 뭘 하고 있는 겁니까? 빨리 해결해주세요.

법에 따른 조치를 해야 합니다
(원고 변호사)

존경하는 재판장님.
학교폭력은 단지 아이들의 장난이 아니라 우리 사회에서 없어져야 할 범죄입니다.

① 현재 일어난 학교폭력사건에 대하여 피고는 애초에 막지도 못했고 나중에도 그냥 내버려두었습니다.
② 「학교폭력예방 및 대책에 관한 법률」에 따라서 자치위원회를 통해 피해 학생을 보호하고 가해 학생을 적절히 조치해야 합니다. 이 외에도 학교가 나서야 할 일이 많습니다.
③ 이제라도 피고는 빨리 학교폭력을 없애기 위한 조치를 해야 합니다.

(피고 학교재단 이사장) 학교의 책임자가 되어 이런 일이 발생한 것에 대해 매우 죄송하게 생각합니다. 저희가 어떻게 조치를 해야 할까요?

아무런 법적 의무가 없습니다
(피고 변호사)

존경하는 재판장님.
이번 사건은 학교폭력이 아닌 단순한 장난입니다.

① 원고는 사건을 확대하고 있습니다. 이번 사건은 커다란 학교폭력 사건이 아니라 두 아이의 다툼이었습니다.
② 진상조사가 끝나는 대로 조치하겠지만, 특별히 피고가 할 일은 없다고 보입니다.
③ 앞으로 학교에서 이런 일이 일어나지 않도록 노력하겠습니다.

2 배심원의 판단

나는 학교가 (법적 책임이 있다, 법적 책임이 없다)라고 생각합니다. 왜냐하면

3 현명한 판사의 판결

원고 학교 어머니회의 일동과 피고의 대표자 학교재단 이사장의 주장, 학교에서 승규와 영태가 서로 싸워 전치 4주 이상의 입원치료를 받게 되었다는 진단서, 학교폭력사건에 대하여 예방교육이 이루어지지 않았고 이 사건 이후에도 적절한 조치가 없었다는 학부모와 학생들의 진정서 등의 증거를 종합하면, 피고는 학교가 학교폭력에 노출되지 않도록 주의하고 노력하여야 하는데 이번에 승규와 영태가 크게 다치도록 서로 폭력을 행사하게 방치한 사실을 인정할 수 있다.

학교에서의 싸움이나 폭행은 단순히 아이들이 친해지기 위해서 하는 장난으로만 볼 것이 아니다. 이미 우리나라는 학교폭력 때문에 피해 학생들이 자살하거나 가해 학생이 형사처벌 받는 등 심각한 상태에 빠져있다. 이에 따라 신설된「학교폭력방지법」에서는 학교가 학교폭력을 예방하기 위하여 자치위원회를 운영하고 학교폭력예방교육을 실시하도록 강제하고 있다. 또한, 학교폭력과 관련하여 상담교사와 보호인력을 배치하도록 하고 학교폭력과 관련된 학생들(피해자, 가해자)에 대하여 적절히 배상, 징계 조치가 이루어질 수 있도록 하고 있다. 이번 사건에서 아이들이 다툰 것은 단순한 장난이 아니라 엄연히 법에서 금지하는 학교폭력이었고 형사적으로도 범죄가 되기에 충분했다. 그럼에도 피고는「학교폭력방지법」에 따른 적절한 조치를 하지 않고 사건을 방치했으므로 이 점에서 원고의 청구는 지극히 타당하다고 보인다.

따라서 피고는 원고의 청구대로 자치위원회와 선생님들을 통해 승규와 영태의 학교폭력사건을 제대로 조사하고 조속한 해결책을 마련해야 하며 앞으로 학교폭력예방을 위하여 교육과 인력배치 등의 여러 가지 법적 의무를 다 하여야 할 것이다.

「학교폭력방지법」

정식 명칭은「학교폭력 예방 및 대책에 관한 법률」이에요. 이 법에 따르면 학교는 학교폭력을 예방하여야 하고 폭력이 발생하면 즉각적으로 여러 조치를 하여야 한답니다. 법에서는 ① 전문상담교사, 학생보호인력을 배치하고 ② 학교폭력 예방교육을 실시하고 ③ 피해 학생을 보호하고 가해 학생을 징계할 수 있도록 되어 있죠.

의무이행소송

소송의 형태는 상대방에게 어떤 것을 요구하는 소송, 확인을 요구하는 소송 등 여러 가지가 있어요. 돈을 달라고 하는 것도 크게 보면 의무이행소송이지요.

「학교폭력 예방 및 대책에 관한 법률」
제2조(정의) 이 법에서 사용하는 용어의 정의는 다음 각 호와 같다.
1. "학교폭력"이란 학교 내외에서 학생을 대상으로 발생한 상해, 폭행, 감금, 협박, 약취·유인, 명예훼손·모욕, 공갈, 강요·강제적인 심부름 및 성폭력, 따돌림, 사이버 따돌림, 정보통신망을 이용한 음란·폭력 정보 등에 의하여 신체·정신 또는 재산상의 피해를 수반하는 행위를 말한다.
제12조(학교폭력대책자치위원회의 설치·기능) ① 학교폭력의 예방 및 대책에 관련된 사항을 심의하기 위하여 학교에 학교폭력대책자치위원회(이하 "자치위원회"라 한다)를 둔다.

사건번호 2014도336

일상생활

시연이가 본 동영상의 비밀

극장에서 상영 중인 영화를 공짜로 내려받아 본 시연이는 죄가 있을까?

지금부터 사건번호 2014도336의 모의재판을 시작하겠습니다. 시연이는 무료 영화를 다운받을 수 있다는 쿠폰으로 극장에서 절찬리에 상영되고 있는 최신 영화를 집에서 다운 받아 봤습니다. 최근 다른 사람의 강의, 영화, 음악 등을 허락 없이 무료로 제공하는 경우가 많은데 이는 누군가의 저작권을 침해하는 행동이랍니다. 이에 검사는 시연이를 「저작권법」위반죄로 기소했습니다. 배심원 여러분은 이 경우 어떠한 판결을 내리시겠습니까? 그러면 사건번호 2014도336의 올바른 판결을 위해 사건의 내용을 알아보도록 하겠습니다.

다연이의 등쌀에 못 이겨 햄버거를 사러 나왔어요. 그런데 극장 앞에서 낯익은 얼굴들이 보였어요. 세상에나, 기석이랑 세희랑 함께 극장에서 나오는 것이었어요.

'둘이 영화도 보는 사이였어?'

혹시나 해서 세희에게 전화를 걸어 보았어요. 그런데 세희는 내가 지켜보고 있는 줄도 모르고 시치미를 뚝 뗐어요.

"나 지금 가족들이랑 할머니 댁에 가."

"정말이야?"

"물론이지. 내가 왜 너한테 거짓말을 하니. 호호호."

뻔뻔스럽게 거짓말까지 하다니, 배신감이 이만저만이 아니었지요. 그런데 정작 나를 약 오르게 한 것은 따로 있었어요.

'이 극장에서 지금 상영 중인 연소자 관람가는 딱 하나.'

그것은 요즘 유행하는 '겨울 눈사람'이었어요. 그동안 너무나도 보고 싶은 영화였지만, 같이 볼 사람이 없어 못 보고 있던 영화였지요.

"엄마. 겨울 눈사람 보러 가자."

햄버거를 사 들고 집에 돌아오자마자, 엄마를 졸라댔어요. 하지만 엄마는 극장 가는 돈이 그렇게 아까웠는지, 엉뚱한 핑계만 댔어요.

"그거 재미없다더라. 아마 조금만 기다리면 텔레비전에서도 해줄 거야."

"엄마. 미워!"

공연히 엄마에게 투정을 부리고 내 방으로 들어왔어요. 내가 단단히 토라진 걸 보여주기 위해 방문도 꼭 걸어 잠갔고요. 그리고 컴퓨터 책상 앞에 앉았는데, 주머니에서 무언가가 만져졌어요.

"이게 뭐지?"

주머니를 뒤져보니, 햄버거 살 때 영수증과 함께 받은 쿠폰이었어요. 무슨 쿠폰인가 봤더니, 쿠폰 번호만 입력하면 영화 10편을 공짜로 내려받을 수 있다고 쓰여 있었어요.

'혹시 사기 아닌가?'

속는 셈 치고 쿠폰에 적혀 있는 홈페이지로 접속해 보았어요. 그리고 쿠폰 번호를 입력했더니, 원하는 영화를 무엇이든 내려받을 수 있다는 메시지가 떴어요.

'오호. 무슨 영화를 볼까나?'

그 순간, 가장 먼저 내 머릿속에 떠오른 영화 제목은 역시 '겨울 눈사람' 이었어요. 하지만 큰 기대를 하지는 않았어요. 겨울 눈사람은 한창 극장에서 상영 중인 최신영화였기 때문이었어요. 그런데도 혹시나 해서 검색창에 '겨울 눈사람'을 쳤더니 검색이 되는 것이었어요.

'만세. 하늘이 나를 도우시는구나.'

주저하지 않고 내려받기 버튼을 눌렀어요. 그리고 잠시 후, 완료창이 뜨자 재생버튼을 눌렀지요. 그러자 그토록 보고 싶던 겨울 눈사람의 멋진 영상이 눈앞에서 펼쳐졌어요.

'우와. 마우스 클릭 몇 번만으로 겨울 눈사람을 볼 수 있다니. 이젠 세희고 기석이고 하나도 안 부럽다.'

역시나 겨울 눈사람은 내 기대를 실망시키지 않았어요. 컴퓨터 그래픽

으로 표현된 눈 덮인 세상은 환상적이었고 귀여운 눈사람의 몸짓은 나를 저절로 웃게 만들었어요. 다만 화질은 그리 좋지 못했어요. 심지어 영화와는 아무 상관없는 어떤 사람의 뒤통수도 나왔어요. 아무래도 누군가 극장에서 영화를 캠코더로 몰래 찍은 모양이었어요. 하지만 그게 뭐 대수겠어요. 그토록 보고 싶은 영화를 공짜로 보게 되었으니 말이에요.

"언니, 뭐해?"

한창 영화에 몰입하고 있는데, 갑자기 방문이 열렸어요. 분명 방문을 걸어 잠갔는데, 약삭빠른 다연이가 열쇠로 문을 따고 들어온 것이었어요. 하여간 다연이는 껌딱지처럼 내 뒤만 졸졸 따라다녀요.

"뭐 보는 거야? 언니."

"아……아무것도 아니야."

"뭔데? 뭔데?"

"너……넌 몰라도 돼."

웬일인지 양심에 찔리는 느낌이 들었어요. 그 바람에 제 발 저린 도둑처럼, 모니터를 꺼버렸어요. 그 모습을 보고 다연이는 깜짝 놀라 쪼르르 엄마에게로 달려갔어요.

"엄마, 언니가 이상한 거 보나 봐. 갑자기 컴퓨터 모니터를 꺼버렸어."

이런, 엄마가 오해하시면 안 되는 데 큰일 났어요. 난 단지 공짜 쿠폰으로 영화를 내려 받아 봤을 뿐인데 말이지요.

시연이는 죄가 있을까?

지금부터 사건번호 2014도336, 극장에서 상영 중인 영화를 다운 받아 본 시연이에 대한 판결을 내리겠습니다.

1 참가자의 한마디 & 최후 진술

내가 고생해서 만든 작품을 함부로 내려받아서 보다니. 아이에게 나쁜 뜻이 없었다면 고소는 하지 않겠지만 앞으로 그러지 마세요.

유죄입니다 (검사)

존경하는 재판장님.
지식재산권은 미래사회에서 가장 보호받아야 할 재산권으로 이를 침해하는 사람은 엄하게 처벌해야 합니다.

① 「저작권법」에 따르면 저작인격권, 저작재산권을 침해하여 저작물을 왜곡하거나 함부로 이용하는 것을 엄격하게 금지하고 있습니다.
② 저작물을 저작권자가 배포, 전송, 공연하는 권리를 침해한 피고인을 「저작권법」에 따라 처벌해야 합니다.

저는 무료 쿠폰을 받고 내려받아 본 것뿐이지 나쁜 뜻은 없었어요.

무죄입니다 (변호사)

존경하는 재판장님.
피고인은 아무런 고의가 없었고 개인적으로 영화를 본 것이니 선처해 주세요.

① 피고인은 인터넷 사이트에서 우연히 영화를 내려받은 것일 뿐, 누군가의 저작권을 침해할 생각이 전혀 없었습니다.
② 「저작권법」에 따르면 공표된 저작물을 개인적으로 사용하기 위하여 복제하는 것은 법에서 허용되는 것입니다.
③ 만약 죄가 성립된다고 해도, 이 범죄는 친고죄로서 고소가 필요한 것입니다. 고소하지 않는다고 하니 피고인에게 죄를 물을 수 없습니다.

2 배심원의 판단

나는 시연이가 (무죄, 유죄)라고 생각합니다. 왜냐하면 _____

3 현명한 판사의 판결

피고인 시연이의 말, 피해자 영화제작사 대표와 영화감독의 증언, 현재 상영 중인 영화들을 인터넷 사이트에서 무료로 다운로드받을 수 있었다는 시연이 친구들의 진술서 등의 증거를 종합하면, 피고인은 공짜로 영화를 볼 수 있다는 생각으로 영화를 전송하거나 복제해줄 아무런 권한이 없는 사이트에 접속하여 극장에서 촬영한 영화 영상을 내려 받았고 이는 피해자들의 저작권(동일성유지권, 공연권, 복제권, 전송권 등)을 침해한 사실을 인정할 수 있다.

저작권은 인간의 지적창조물을 보호하기 위한 법적 권리로서 저작재산권, 저작인격권 등으로 폭넓게 보호된다. 음원 사이트나 IPTV에서 음악, 영화를 유료로 이용하는 것은 법적으로 문제가 되지 않지만, 아무런 이용허락을 받지 않은 인터넷 사이트에서 저작물을 함부로 올리거나 내려 받는 것은 문제가 된다. 업로드의 경우에 저작권침해가 되는게 보통이고, 다운로드의 경우에 다른 사람에게 전송할 가능성이 있거나(P2P 방식) 영리적인 복제 가능성이 있는 경우 등에는 「저작권법」에서 보호하는 전송권, 복제권 등을 침해할 수 있다. 이번 사건에서 피고인은 저작권자의 영화를 인터넷 사이트에서 내려 받아 본 것이고, 이것은 저작재산권(전송권, 복제권) 외에도 저작인격권을 아울러 침해할 소지가 있는 것이다(개인적으로 복제하였기에 허용된다는 주장도 받아들이기 어렵다). 다만, 「저작권법」위반의 범죄는 대부분 친고죄로서 고소가 있어야 성립하는 것인데 이번 사건에서는 고소가 없으므로 더 이상 재판을 할 이유가 없다.

따라서 피고인에게 공소제기된 「저작권법」위반죄는 피해자들의 고소가 없으므로 「형사소송법」 제327조에 따라 공소기각의 판결을 선고한다.

「저작권법」위반죄

지적재산권 중에서 가장 보편적인 저작권(인간의 사상과 감정을 표현한 창작물)을 보호하는 법률이랍니다. 다른 사람의 음악, 미술작품, 영화 등을 허락 없이 사용하면 「저작권법」에서 형사·민사책임을 묻게 된답니다.

친고죄

고소가 있어야 죄를 논할 수 있는 범죄랍니다. 「저작권법」위반죄의 경우에는 대부분 친고죄로 되어 있어서 고소가 없다면 재판이 성립되지 않아요.

공소기각판결

친고죄에서 고소가 없는 경우에는 실질재판을 하지 않고 바로 재판을 종결한답니다(고소를 취소해도 결과는 같아요).

「저작권법」
제2조(정의) 이 법에서 사용하는 용어의 뜻은 다음과 같다.
1. "저작물"은 인간의 사상 또는 감정을 표현한 창작물을 말한다.
7. "공중송신"은 저작물, 실연·음반·방송 또는 데이터베이스(이하 "저작물 등"이라 한다)를 공중이 수신하거나 접근하게 할 목적으로 무선 또는 유선통신의 방법에 의하여 송신하거나 이용에 제공하는 것을 말한다.
제140조(고소) 이 장의 죄에 대한 공소는 고소가 있어야 한다.
제136조(벌칙) ① 다음 각 호의 어느 하나에 해당하는 자는 5년 이하의 징역 또는 5천만 원 이하의 벌금에 처하거나 이를 병과할 수 있다.
1. 저작재산권, 그 밖에 이 법에 따라 보호되는 재산적 권리를 복제, 공연, 공중송신, 전시, 배포, 대여, 2차적저작물 작성의 방법으로 침해한 자

일상생활

알쏭달쏭 음주운전 사건

아파트 주차장에서 음주운전을 한 삼촌은 죄가 있을까?

지금부터 사건번호 2014도337의 모의재판을 시작하겠습니다. 시연이 삼촌은 술을 마시고 아파트 주차장에서 주차를 하기 위해 잠깐 운전을 했습니다. 경찰이 출동해 음주측정을 하니 혈중알코올농도가 0.06퍼센트가 나왔습니다. 음주운전은 사고위험도 크고 다른 사람을 다치게 할 수 있습니다. 이에 검사는 삼촌을 「도로교통법」위반(음주운전)죄로 기소했습니다. 배심원 여러분은 이 경우 어떠한 판결을 내리시겠습니까? 그러면 사건번호 2014도337의 올바른 판결을 위해 사건의 내용을 알아보도록 하겠습니다.

오늘은 다연이의 생일이었어요. 그래서 집에서 가족 파티를 하기로 했어요.

"다연이 생일인데, 내가 빠질 수 없지."

삼촌도 다연이의 생일을 축하해 준다며 무언가를 잔뜩 사왔어요. 그런데 봉지를 열어보니 이게 웬걸, 샴페인이며 맥주가 가득했어요. 다연이 생일인데, 우리는 마시지 못하는 술이 웬 말이냐고요.

"자, 다연이 생일을 축하하며 브라보."

삼촌은 무슨 핑곗거리만 생기면 술을 마셔요. 좋은 일이 있으면 기분 좋다고 마시고, 기분이 나쁘면 나쁘다고 마셔요. 도대체 그 쓴 술이 뭐가 좋은지, 그래도 그뿐이면 괜찮게요.

"시연이도 한잔 해라."

"삼촌. 난 아직 어린이란 말이에요."

"허허, 옛날 같으면 시집갔을 나이인데 어떠니?"

삼촌도 그 옛날에 살아보지도 않았으면서 나한테는 만날 옛날이야기 타령이에요.

"옛날이야기 그만하시고, 삼촌이나 어서 장가가세요. 완전 노총각이면서."

"아이고, 시연이한테 한 방 먹었네. 그러지 말고, 너희 학교에 괜찮은 여선생님 있으면 소개 좀 해줘라. 삼촌은 대단한 거 안 바란다. 착하고 돈 많고 몸매 좋고 예쁘면 된다."

세상에 누가 취직도 못 한 백수를 좋아한다고, 철이 없는 건지 아니면 일부러 그러는 건지 도통 알 수 없었어요.

"따르릉."

한창 파티의 분위기가 무르익어가고 있었는데, 전화벨 소리가 울렸어요. 삼촌 휴대 전화에서 나는 소리였지요.

"하하하. 이 야심한 밤에 누가 날 찾을까? 분명 날 사모하는 여인일 거야."

삼촌은 득의양양해져서는 모두가 들을 수 있게 스피커폰으로 전환하고 전화를 받았어요. 그런데 정말로 여자 목소리가 들려왔어요.

"아저씨, 차를 이렇게 대면 어떡해요. 당장 차 빼줘요."

여자 목소리긴 한데, 삼촌이 기대했던 것과는 전혀 다른 상황이었어요. 덕분에 모두가 박장대소를 했지요.

"얼른 차 빼고 올게요."

삼촌은 어깨를 축 늘어뜨리고는, 자동차 열쇠를 챙겼어요. 그것을 보고 엄마가 화들짝 놀라 말했어요.

"술 마셨는데, 무슨 운전이니?"

"맥주 두잔 정도라서 술은 안 취했어. 또 아파트 단지 안인데 뭐 어때."

그리 말하고 삼촌은 기어이 현관문을 나섰어요. 그런데 곧 돌아오겠다는 삼촌은 한참이 지나도 돌아오지 않았어요. 궁금해진 난 밖으로 나가 보았어요.

"그건 내가 한 게 아니라니까요."

"아니긴 뭐가 아니에요. 아저씨가 차를 빼면서 내 차를 긁었잖아요."

아파트 주차장에서, 삼촌하고 웬 아줌마가 승강이를 벌이고 있었어요. 무슨 일인가 지켜봤더니, 삼촌이 차를 빼다가 아줌마의 차에 흠집을 낸 모양이었어요. 물론, 삼촌은 절대 자기가 한 일이 아니라고 주장했어요. 그런데 가만히 보니 삼촌 말이 맞는 듯했어요.

"아줌마, 우리 삼촌 차는 파란색인데, 아줌마 차에 묻은 페인트 자국은 빨간색이잖아요. 삼촌이 아줌마의 차에 흠집을 냈다면 아줌마 차에 파란색 페인트가 묻어 있어야 하지 않을까요?"

"뭐……뭐야?"

내 말에 아줌마는 더 이상 반박하지 못했어요. 그런데 아줌마는 못내 분했던지 무슨 꼬투리라도 잡고 싶었던 모양이었어요. 아줌마는 잠시 머뭇거리더니, 삼촌한테서 술 냄새가 나는 것을 알아차리고는 대뜸 말했어요.

"차 긁은 것은 됐고, 그러고 보니 아저씨 술 마시고 운전한 거예요? 요즘 같은 세상에 음주운전이라니. 아무래도 안 되겠어요. 경찰을 불러야지."

"무슨 소리에요? 아줌마가 차를 빼달라고 해서 빼준 거잖아요."

"그건 아저씨가 술을 마신지 몰랐을 때의 이야기죠."

"마음대로 하세요. 여기가 도로도 아니고, 아파트 단지 안에서 운전을 한 게 무슨 음주운전이에요? 우리 아파트는 우리 주민만 들어오는 곳이 잖아요."

"흥. 과연 그럴까요? 법이 바뀐 걸 모르는군요. 잘잘못은 경찰이 오면 따져보자고요."

분위기가 더욱 험악해지고 말았어요. 이웃사촌끼리 꼭 이래야 하는지, 저절로 한숨이 내쉬어졌어요.

삼촌은 죄가 있을까?

지금부터 사건번호 2014도337, 아파트 주차장에서 음주운전을 한 삼촌에 대한 판결을 내리겠습니다.

1 참가자의 한마디 & 최후 진술

술을 마시고 운전하는 건 엄연한 범죄입니다. 엄하게 처벌해 주세요.

유죄입니다 (검사)

존경하는 재판장님.
음주운전은 많은 사람의 생명을 앗아갈 수 있는 우리나라에서 꼭 사라져야 할 나쁜 범죄입니다.

1. 한 해에 음주운전 교통사고로 피해를 당하는 사상자가 수천 명 이상입니다. 음주운전은 반드시 사라져야 합니다.
2. 「도로교통법」에서는 '술에 취한 상태에서의 운전 금지'라고 하여 혈중알코올농도 0.05 퍼센트 이상인 경우에 운전하면 처벌하고 있습니다.
3. 피고인은 아파트 내 도로에서 음주운전을 하였으므로 처벌받아야 합니다.

저는 술을 조금 마시고 도로가 아닌 아파트 주차장에서 운전한 것뿐이라고요.

무죄입니다 (변호사)

존경하는 재판장님.
음주운전이 나쁜 범죄이지만 이번 사건은 무죄가 확실합니다.

1. 피고인이 운전을 한 점, 혈중알코올농도가 법정 기준치를 약간 초과한 것은 사실대로 인정합니다.
2. 「도로교통법」은 도로에서 일어난 사고에 대해서 적용되는 것인데, 이 사건이 일어난 아파트 주차장은 도로라고 볼 수 없으므로, 애초부터 법 적용이 되지 않습니다.

2 배심원의 판단

나는 삼촌이 (무죄, 유죄)라고 생각합니다. 왜냐하면 _____

3 현명한 판사의 판결

「도로교통법」
도로에서 일어난 범죄에 대해 다루는 법이랍니다. 음주운전, 무면허 운전, 위험운전도 규제하고 있고 사고 후 적절한 조치를 하도록 여러 의무를 정하고 있지요.

음주운전죄
혈중알코올농도 0.05퍼센트 이상의 상태에서 운전을 하면 사고가 나지 않아도 그 자체로 처벌된답니다. 특히 예전에는 공공의 도로에서 음주운전을 한 경우만 처벌되었지만, 2010년에 개정된 법률에 따르면 도로가 아닌 곳에서 음주운전을 해도 처벌된답니다.

피고인 삼촌의 말, 관련자 아파트 아줌마의 증언, 삼촌의 혈중알코올농도가 기준치를 초과하는 0.06퍼센트라는 검사결과서, 이 사건이 일어난 아파트는 200여 명이 사는 작은 아파트 단지로 아파트 주민들만 들어올 수 있고 관리인이 철저히 관리하며 차량의 주행로는 주차용으로 이용되고 있다는 아파트관리소장의 사실확인서 등의 증거를 종합하면, 피고인은 약간 술을 마신 상태였는데 아파트 주민이 "차를 빼달라."라는 요구에 차를 운전하여 본 사건에 이르게 된 사실을 인정할 수 있다.

무면허운전이나 음주운전은 그 자체로 위험성을 가지며 특히, 교통사고와 직결될 수 있는 위험성을 가진다. 이처럼 음주운전은 매년 수많은 사람의 생명을 앗아가는 교통사고의 중요한 원인으로서 반드시 없어져야 한다. 과거 법률과 판례에 따르면 공공의 도로에서 음주운전을 한 경우에만 음주운전죄로 처벌하였으나, 음주운전이 위험하다는 사회적 인식이 커지면서 법이 개정되었고, 어디에서 음주운전을 해도 처벌될 수 있다. 이번 사건에서 선량한 의도로 차를 빼 주려다가 음주운전을 하게 되었다고는 하지만, 음주운전을 엄격히 금지하는 법 취지에 비추어 볼 때 처벌이 불가피하다. 다만 형량에서 이러한 점을 고려하도록 한다.

따라서 피고인에게는 「도로교통법」 제148조의2제3항제3호에 따라 「도로교통법」위반(음주운전)죄가 성립하고 피고인에게 벌금 50만 원을 선고하되, 초범이고 처벌이 필요하다고 보이지 아니하여 형의 선고를 유예한다.

관련 법률

「도로교통법」
제2조(정의) 이 법에서 사용하는 용어의 뜻은 다음과 같다.
26. "운전"이란 도로(제44조·제45조·제54조제1항·제148조 및 제148조의2의 경우에는 도로 외의 곳을 포함한다)에서 차마를 그 본래의 사용방법에 따라 사용하는 것(조종을 포함한다)을 말한다.
제44조(술에 취한 상태에서의 운전 금지) ① 누구든지 술에 취한 상태에서 자동차 등을 운전하여서는 아니 된다.
제148조의2(벌칙) ② 제44조제1항을 위반하여 술에 취한 상태에서 자동차 등을 운전한 사람은 다음 각 호의 구분에 따라 처벌한다.
1. 혈중알콜농도가 0.2퍼센트 이상인 사람은 1년 이상 3년 이하의 징역이나 5백만 원 이상 1천만 원 이하의 벌금
2. 혈중알콜농도가 0.1퍼센트 이상 0.2퍼센트 미만인 사람은 6개월 이상 1년 이하의 징역이나 3백만 원 이상 5백만 원 이하의 벌금
3. 혈중알콜농도가 0.05퍼센트 이상 0.1퍼센트 미만인 사람은 6개월 이하의 징역이나 3백만 원 이하의 벌금

사건번호 2014과338

일상생활

버려진 강아지의 속사정

강아지를 길에 버리고 간 아저씨는 과태료를 내야 할까?

지금부터 사건번호 2014과338의 모의재판을 시작하겠습니다. 강아지 방울이가 병에 걸리자 강아지 주인인 아저씨는 강아지를 길에 버렸습니다. 아무리 키우기 힘들어도 그렇지 동물보호소에 맡기지 않고 버리는 건 너무하네요. 이에 시청에서는 강아지를 버린 아저씨에게 과태료를 부과했는데, 이 아저씨는 과태료 처분이 부당하다고 이의신청을 냈습니다. 배심원 여러분은 이 경우 어떠한 판결을 내리시겠습니까? 그러면 사건번호 2014과338의 올바른 판결을 위해 사건의 내용을 알아보도록 하겠습니다.

기다리고 기다리던 어린이날이 다가오고 있었어요. 다연이와 나는 진작부터 받고 싶은 선물을 정해 놓고 있었지요.

"강아지 사 주세요. 강아지."

"맞아요. 강아지를 키우면 어린이 정서에 큰 도움이 된대요."

우리는 하얗고 털이 복스러운 강아지를 키우고 싶었어요. 다연이와 나는 강아지를 키우게 해달라고 엄마에게 졸라댔어요. 하지만 엄마의 대답은 단호했어요.

"강아지는 안 된다. 강아지 밥 주는 것도 일이고, 똥은 누가 치울래?"

"우리가 밥도 주고 똥도 치울 거예요. 그러니까 사 주세요."

"안 돼. 안된다니깐."

사실 우리 엄마는 강아지를 무서워해요. 길을 가다가 작은 강아지만 봐도 우리를 내팽개치고 몸을 피할 정도이지요. 엄마가 어렸을 때, 큰 개에게 물렸을 뻔했다나 뭐라나요.

"정말 강아지 키우고 싶은데……."

"맞아. 난 벌써 강아지 이름도 지어놨는데 말이야."

다연이와 손을 잡고 슈퍼에 다녀오는 길이었어요. 마침, 어떤 아저씨가 하얀 털이 뽀송뽀송한 강아지를 데리고 가는 것이 보였어요. 우리는 강아지를 한번 만져볼 욕심으로 그 뒤를 따라가 보았지요. 그런데 아저씨는 강아지의 목줄을 전봇대에 걸어 놓더니, 도망치듯 가버리는 것이었어요. 처음엔 아저씨가 볼일을 보고 돌아오려나 했지요. 그런데 아무리 기다려도 아저씨는 돌아오지 않았어요.

강아지는 겁에 질려서 그런 건지 추워서 그런 건지 몸을 벌벌 떨고 있었어요. 게다가 어딘가 아픈 듯, 신음도 내고 있었지요. 우리는 그런 강아지를 차마 그냥 두고 볼 수만은 없어 강아지를 데리고 집으로 돌아왔어요. 당연히 엄마는 노발대발했지요.

"강아지를 함부로 데려오면 어떡하니? 주인이 찾으면 어쩌려고."

"아니야. 이 강아지는 버려졌단 말이야."

"맞아. 어떤 아저씨가 강아지를 버리고 가는 것을 똑똑히 봤어."

강아지를 두고 엄마와 우리가 옥신각신하는 사이, 강아지가 다시 신음을 내기 시작했어요. 그리고는 갑자기 구토까지 하는 것이었어요. 그 모습을 보고 엄마와 우리는 매우 놀랐어요.

"아무래도 안 되겠다. 일단 병원에 가보자."

강아지를 좋아하지 않는 엄마의 눈에도 강아지가 불쌍해 보였던 모양이었어요. 엄마와 우리는 강아지를 데리고 근처 동물 병원으로 달려갔어요. 그런데 강아지를 진찰한 의사 선생님은 고개를 흔드는 것이었어요.

"당장 수술을 하지 않으면 목숨이 위태로울 수 있습니다. 아마도 전 주인도 그걸 알고 강아지를 버린 모양입니다. 아시다시피 동물은 의료보험 적용이 안 되어서, 작은 수술에도 큰 비용이 들거든요."

"네?"

의사 선생님의 말을 듣고 엄마는 망설였어요. 그러다 잠시 후, 큰 결심을 한 듯 말했어요.

"수술비는 저희가 낼 테니 수술시켜주세요. 이대로 두면 얼마 살지 못한다면서요."

엄마의 결정에 나도 놀라고 다연이도 놀랐어요. 아마도 엄마는 돈보다도 더 소중한 생명의 가치를 우리에게 가르쳐주고 싶었나 봐요. 덕분에 강아지는 건강을 되찾을 수 있었어요. 그러나 엄마는 여전히 강아지를 키우는 것에는 반대했어요.

우리는 어쩔 수 없이 눈물을 머금고 근처 동물 보호소를 찾았어요. 그런데 동물 보호소에서는 강아지를 데려온 것을 달가워하지 않았어요.

"아시다시피 요즘 키우던 반려동물을 버리는 경우가 많아 이곳도 만원입니다. 그래서 마냥 새로운 친구들을 받을 수 없는 노릇입니다."

더구나 동물보호소에 들어가더라도, 일정 기간 동안 새 주인이 생기지 않는다면 안락사를 시킨다고 하였어요. 처음에 안락사가 뭔지 몰랐던 다연이와 나는 고개를 갸우뚱거렸어요. 그리고 안락사가 고통 없이 죽게 하는 것이란 걸 알고 나서는 서럽게 울었어요.

"강아지가 너무 불쌍해요. 강아지에게도 나름의 삶이 있을 텐데 말이에요."

"지……진정하렴. 그러면 데려다 키우면 되지 않니?"

엄마도 더 이상 어쩔 수 없었던 모양이었어요. 결국 강아지는 우리의 식구가 되었고 다연이는 강아지에게 '방울이'라는 예쁜 이름도 지어 주었어요.

"가족같이 키우던 반려동물이 늙었다고 아프다고 귀찮아졌다고 버리는 사람들, 영원히 저주할 거야."

그 날 이후, 엄마는 방울이가 말썽을 피울 때마다 방울이를 버린 주인을 원망했답니다.

어린이 로스쿨 모의재판
버려진 강아지의 속사정

강아지를 길에 버리고 간 아저씨는 과태료를 내야 할까?

지금부터 사건번호 2014과338, 길거리에 강아지를 버린 아저씨의 과태료처분이의사건에 대한 판결을 내리겠습니다.

1 참가자의 한마디 & 최후 진술

피해자 방울이: 저도 다른 동물들처럼 보호받고 싶었지만, 병에 걸리자 결국 버려졌습니다. 멍멍!

과태료는 정당합니다 (시청)

존경하는 재판장님.
동물은 살아있는 생명체로서 그 생명 또한 소중한 것이기에, 동물을 함부로 버리는 행동에 대한 과태료 처벌은 정당합니다.

① 등록대상동물을 등록도 하지 않고, 키우던 동물을 함부로 버리는 것은 엄연히 「동물보호법」위반이고 그에 따라 과태료를 부과받는 것이 맞습니다.
② 이번에 「질서행위위반규제법」에 따라 시청에서 부과한 과태료 액수는 정당한 것이고, 감경의 여지는 전혀 없습니다.

피처분인 방울이 주인: 가난하고 힘들어서 강아지를 버린 것인데 과태료라니요. 저는 과태료를 낼 돈도 없다고요.

과태료가 너무 과중합니다 (변호사)

존경하는 재판장님.
동물을 유기한 건 맞지만 과태료가 너무 많습니다.

① 방울이 주인은 가난하고 힘들어 병든 강아지를 치료할 치료비가 없어서 그랬던 것입니다.
② 등록을 못 한 부분, 유기한 부분은 인정하지만, 과다한 과태료를 줄여주세요.

2 배심원의 판단

나는 강아지 주인에 대한 (과태료가 정당하다, 과태료가 정당하지 않다)라고

생각합니다. 왜냐하면 _____

3 현명한 판사의 판결

「동물보호법」
동물을 법적으로 보호하기 위한 법률이랍니다. 동물을 보호하기 위한 여러 정책도 있는데 동물(애완동물)등록제도, 유기금지의무, 학대금지의무 등이 있어요.

과태료재판(비송사건)
과태료는 행정질서벌이라고 해서 형벌은 아니지만, 사회적으로 금전적 규제를 하는 거예요. 과태료의 부과절차, 이의절차 등은 「질서행위위반규제법」에 자세히 나와 있어요.

  피처분자 방울이 주인의 말, 시청에서 동물보호 등의 업무를 하는 공무원의 증언, 버려진 강아지를 치료해서 보호해 왔던 다연이의 진술서, 방울이가 등록대상이었는데도 등록이 이루어지지 않았다는 시청의 사실확인서, 유기 및 등록위반으로 과태료 1백만 원이 부과되었음을 알리는 시청의 고지서, 피처분자가 지난달부터 생계가 어려워 생활보호대상자가 되었다는 증명서 등의 증거를 종합하면, 방울이 주인은 자신이 기르던 강아지가 아프게 되자 치료에 비용이 든다는 이유로 강아지를 길에 버렸고 그 후 다른 사람에게 보호되고 있었다는 사실을 인정할 수 있다.

  동물은 지구에서 생동하는 생명체 중 가장 많은 수를 차지하는 것으로서, 그 생명과 건강은 우리 인류에게도 무척 큰 의미를 가진다. 그러므로 동물을 학대하거나 버리는 행동은 우리에게도 큰 사회적인 문제를 일으킬 수 있다. 이번 사건에서 방울이 주인은 강아지를 등록하지 않고 키우다가, 생계가 어렵고 강아지가 아프게 되자 강아지를 길에 버린 것으로 보인다. 아무리 어려운 사정이 있다고 하더라도 법에 따라서 동물보호센터에 강아지를 맡길 수 있을 텐데도 길에 버린 것은 법에 따른 과태료를 받을 만 하다. 다만, 시청에서 부과한 1백만 원은 법이 정한 최대한의 과태료이므로 이 법원에서 사정을 다소 참작하여 70만 원으로 감경해주기로 한다. 대신 강아지 치료비를 조속히 갚고 강아지를 데리고 가서 다시 보호하기 바라는 바이다.

  따라서 본 재판부는 이번 과태료 이의 사건에 대하여 과태료 액수를 다소 감경하는 한도에서 이를 인용하고 나머지는 기각한다.

「동물보호법」
제8조(동물학대 등의 금지) ④ 소유자 등은 동물을 유기(遺棄)하여서는 아니 된다.
제12조(등록대상동물의 등록 등) ① 등록대상동물의 소유자는 동물의 보호와 유실·유기방지 등을 위하여 시장·군수·구청장·특별자치시장에게 등록대상동물을 등록하여야 한다.
제47조(과태료) ① 다음 각 호의 어느 하나에 해당하는 자에게는 1백만 원 이하의 과태료를 부과한다.
1. 제8조제4항을 위반하여 동물을 유기한 소유자 등
5. 제12조제1항을 위반하여 등록대상동물을 등록하지 아니한 소유자

사건번호 2014환경조정339

일상생활

한밤중에 들려오는 음산한 소리

층간 소음 문제로 다투게 된 두 집은 어떻게 해결해야 할까?

지금부터 사건번호 2014환경조정339의 모의재판을 시작하겠습니다. 최근 층간 소음 문제가 우리나라 곳곳에서 참 심각한 수준인데요. 여기 층간 소음으로 다투기 시작한 두 집이 나옵니다. 앞으로 이런 사건들은 어떻게 해결하는 게 좋을까요? 법원이 아닌 서울시청에 마련된 환경분쟁조정위원회로 가보겠습니다. 배심원 여러분은 이 경우 어떠한 판결을 내리시겠습니까? 그러면 사건번호 2014환경조정339의 올바른 판결을 위해 사건의 내용을 알아보도록 하겠습니다.

　방울이가 우리 집에 오고 나서부터 다연이가 아주 신 났어요. 술래잡기라도 하는 모양인지, 이 방 저 방을 뛰어다녔고 방울이도 좋다고 그 뒤를 졸졸 쫓아다녔어요.
　"시끄러워. 좀 조용히 좀 해."
　모처럼 마음잡고 공부를 하려고 하는데 도저히 공부에 집중되질 않았어요. 엄마도 더는 안 되겠던지, 다연이에게 한소리 했어요.
　"그렇게 자꾸 뛰면 아랫집에서 연락 온다."
　"싫어. 싫단 말이야."
　다연이는 쪼르르 아빠에게로 달려가 품에 안겼어요.

"애들이 뛰면서 노는 거지, 뭘 그래?"

아빠는 늘 다연이에게 관대했어요. 아빠가 편을 들어주자 다연이는 더 신이 나서 방방 뛰어 댔어요. 그런데 내가 봐도 다연이가 심하긴 했어요. 결국, 아랫집에서 인터폰이 오고야 말았지요.

"죄송합니다. 조용히 시키도록 하겠습니다."

엄마는 정중히 사과하고 인터폰을 내려놓았어요. 그리고 일장 연설을 했어요.

"거봐라. 그렇게 뛰면 아랫집에서 연락 온다고 했잖니. 이 아파트는 여러 사람이 함께 모여 사는 곳이란다. 그러니 다른 이웃들을 배려하지 않으면 안 돼. 앞으로는 될 수 있으면 집에서는 슬리퍼를 신고 다니도록 해라. 특히 다연이는 놀 때 꼭 매트를 깔고."

이번에는 아빠도 다연이의 편을 들어주지 못했어요. 다연이는 마지못해 고개를 끄덕였지요. 그런데 그런 일이 있고 나서, 아랫집에서는 극도로 예민한 반응을 보이기 시작했어요. 뛰기는커녕 살금살금 뒤꿈치를 들고 걸었는데도 영락없이 인터폰이 울렸어요. 엄마는 그럴 때마다 죄송하다고 사과를 했지만, 계속해서 인터폰이 울리자 슬슬 짜증이 났던 모양이었어요.

"우리보고 숨도 쉬지 말고 살란 말씀이세요. 해도 해도 너무하잖아요."

한번 성질을 냈다 하면 우는 아이도 울음을 그칠 정도로 우리 엄마의 목청은 컸어요. 그 덕분인지 더는 아랫집에서는 인터폰이 걸려오지 않았어요. 그리고 아랫집과의 층간 소음 문제도 일단락된 듯 보였지요. 그런데 그로부터 며칠 뒤였어요. 잠을 자려고 막 누웠는데, 갑자기 바

닥이 위위 울리기 시작했어요. 그리고 섬뜩한 소리가 들려왔어요.
"으ㅎㅎ, 으ㅎㅎ."
혹시 잘못들었나 했는데, 다연이도 그 소리를 들은 모양이었어요. 그리고 그 소리는 점점 커졌어요.
"귀……귀신이다."
놀란 우리는 방문을 뛰쳐나와 안방으로 달려갔어요.
"무슨 일이니?"
"귀신이 나타났어. 귀신이."
"무슨 귀신이 있단 말이니?"
엄마는 도통 우리의 말을 믿지 않았어요. 그런데 그때였어요.
"까아아아악."
이번에는 소름끼치는 비명소리가 들렸어요. 놀라 잠에서 깬 아빠는 이불을 뒤집어쓰고 벌벌 떨었지요. 엄마는 그 모습을 보고 한숨을 푹 내쉬었어요.
"다들 겁쟁이들이라니깐. 아랫집에서 영화를 보는 모양인데 말이야. 그나저나 이 시간에 무슨 볼륨을 저리 크게 틀어 놓는담."
엄마는 도저히 안 되겠는지, 아랫집으로 내려가 정중히 말했어요.

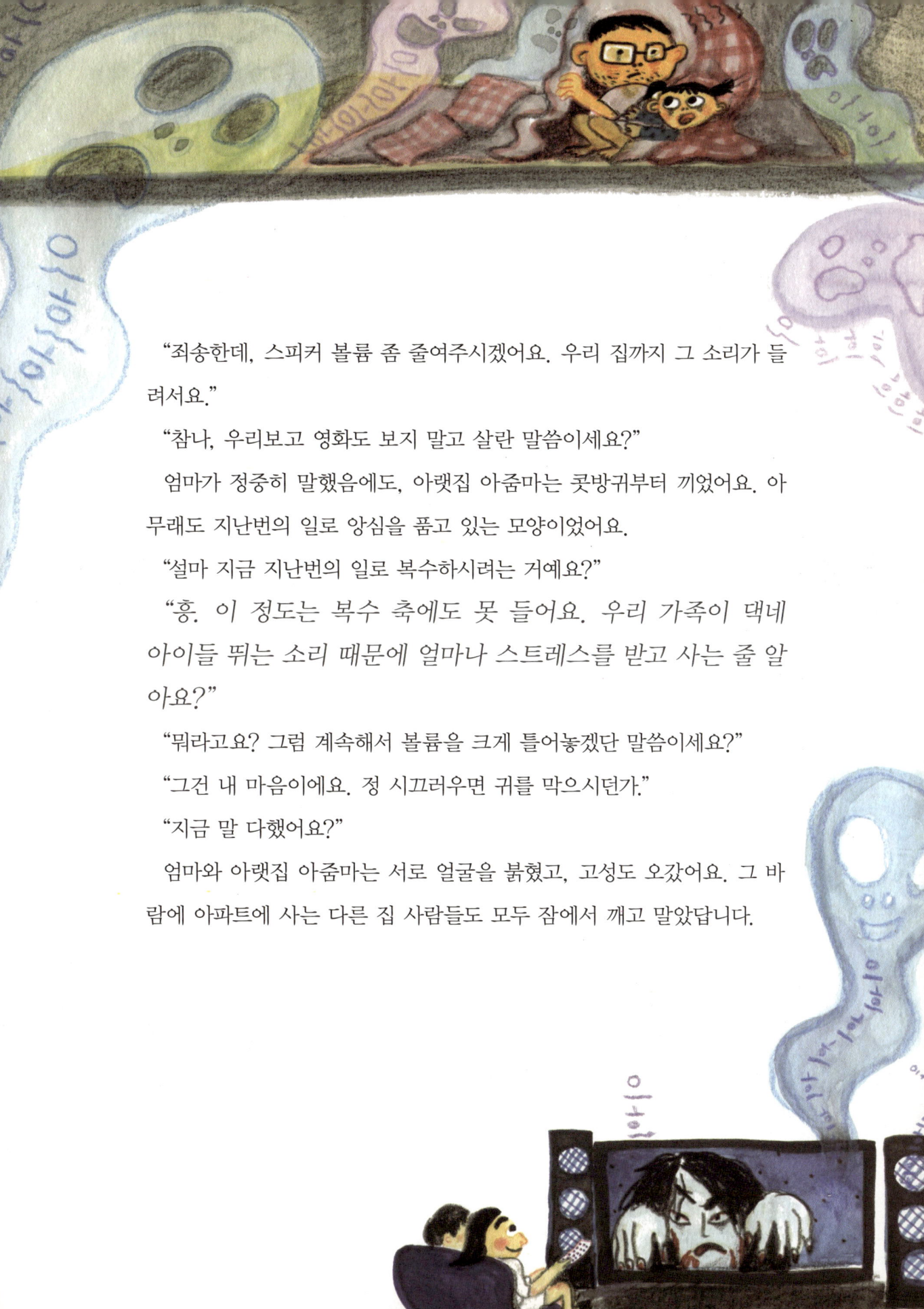

"죄송한데, 스피커 볼륨 좀 줄여주시겠어요. 우리 집까지 그 소리가 들려서요."

"참나, 우리보고 영화도 보지 말고 살란 말씀이세요?"

엄마가 정중히 말했음에도, 아랫집 아줌마는 콧방귀부터 끼었어요. 아무래도 지난번의 일로 앙심을 품고 있는 모양이었어요.

"설마 지금 지난번의 일로 복수하시려는 거예요?"

"흥. 이 정도는 복수 축에도 못 들어요. 우리 가족이 댁네 아이들 뛰는 소리 때문에 얼마나 스트레스를 받고 사는 줄 알아요?"

"뭐라고요? 그럼 계속해서 볼륨을 크게 틀어놓겠단 말씀이세요?"

"그건 내 마음이에요. 정 시끄러우면 귀를 막으시던가."

"지금 말 다했어요?"

엄마와 아랫집 아줌마는 서로 얼굴을 붉혔고, 고성도 오갔어요. 그 바람에 아파트에 사는 다른 집 사람들도 모두 잠에서 깨고 말았답니다.

층간 소음은 어떻게 해결해야 할까?

지금부터 사건번호 2014환경조정339, 층간 소음으로 서로 다투는 두 집에 대한 환경분쟁조정을 시작하겠습니다.

1 참가자의 한마디 & 최후 진술

우리가 조금 잘못했다고 치더라도, 일부러 소음을 내는 건 너무 심해요!

다연이네가 맞습니다 (변호사)

환경분쟁조정위원회 위원장님. 층간 소음으로 다투게 된 양쪽을 「환경분쟁조정법」에 따라 조정해 주시기 바랍니다.

① 소음 문제는 엄연히 환경 문제가 되었습니다. 특히 층간 소음은 사회적으로 큰 문제가 되고 있습니다.

② 이번 사건을 보면 다연이네는 고의가 아닌 실수로 소음을 낸 것입니다. 그런데 아랫집은 고의적으로 소음을 내고 있으니 아랫집 잘못이 더욱 큽니다.

우리는 당한 만큼 돌려줄 겁니다. 먼저 조용히 하지 않는다면 저희는 계속 할 거예요.

아랫집이 맞습니다 (변호사)

환경분쟁조정위원회 위원장님. 층간 소음으로 다투게 된 양쪽을 현명하게 조정해 주시기 바랍니다. 아랫집도 그 결정에 따르겠습니다.

① 윗집의 층간 소음은 정말 심각한 수준입니다. 매일 밤낮으로 쿵쿵거려서 제대로 살 수가 없습니다.

② 윗집은 몇 번의 경고를 무시하고 계속 시끄럽게 살고 있기에 아랫집도 정면대응을 하게 된 것뿐입니다.

2 배심원의 판단

나는 (다연이네가 맞다, 아랫집이 맞다)라고 생각합니다. 왜냐하면 _____

3 환경분쟁조정위원회의 결정

층간 소음 문제
아파트에서 거주하는 것이 일반적인 요즘에 부쩍 늘어난 분쟁이에요. 이런 사건이 생겼다고 해서 무조건「민법」에 따른 불법행위로 보고 소송으로 해결할 문제는 아니에요. 현명한 분쟁해결이 필요하죠.

환경분쟁조정제도
오늘날 환경 문제는 환경 오염말고도 소음, 악취, 진동 등 무척 다양하답니다. 이런 문제를 현명하고 신속하게 해결하기 위해 환경분쟁조정제도가 마련되었어요.

　신청인과 피신청인의 주장, 위아래층을 살던 두 이웃이 서로 간의 층간 소음으로 본 사건 조정에 참여하게 되었다는 진술서, 아파트 설계의 잘못으로 층간 소음이 계속 발생하고 있다는 감정기관의 감정 결과서, 위층은 지속해서 소음을 내고 있었고 아래층은 이번에 일부러 소음을 발생시켰다는 이웃주민들의 사실확인서 등의 자료를 종합하면, 아랫집과 윗집에 살고 있던 두 가족은 아파트 시공의 부실로 인하여 작은 소리도 크게 들리는 환경에서 살게 되었고 서로 원만하게 해결되지 않아 환경분쟁조정위원회에 조정을 신청하게 된 사실을 인정할 수 있다.

　층간 소음은 이웃 간의 단순한 시비가 아니라 우리나라 전반에서 자주 일어나는 사회문제이다. 소음 발생은 고의적인 경우도 있겠지만, 종종 아파트 시공이 잘못되어 이웃 간에 작은 소음이 크게 들리는 문제도 많다. 이번 사건에서 신청인과 피신청인이 살고있는 아파트의 경우에도 아파트의 층간 두께가 잘못되는 등 시공이 부실하여 소음이 발생한 것으로 보인다. 층간 소음의 경우 매트를 깔거나 발걸음을 조심히 하는 것으로도 큰 효과를 볼 수 있기에, 앞으로 윗집은 그런 점을 유의하여 늦은 밤에 소음을 내지 않아야 한다. 그러나 아랫집도 윗집에 대응하려고 일부러 소음을 내고 있으므로 이런 행동은 금지하는 것이 마땅하다. 또한, 이번 사건은 양쪽의 잘못이라기 보다는 아파트의 부실공사의 문제도 있으므로, 양측이 이웃주민들과 함께 아파트의 소음에 대하여 시공사, 관리사무소 등에 소음 방지 대책을 적극적으로 요구할 필요도 있다.

　따라서 본 위원회는 위와 같은 조정안을 내고 분쟁을 해결하며 서로 납득하는 경우 이는 재판상 화해의 효력을 가진다.

조정 성립

「환경분쟁조정법」
　제2조(정의) 이 법에서 사용하는 용어의 뜻은 다음과 같다.
1. "환경피해"란 사업활동, 그 밖에 사람의 활동에 의하여 발생하였거나 발생이 예상되는 대기오염, 수질오염, 토양오염, 해양오염, 소음·진동, 악취, 자연생태계 파괴, 일조 방해, 통풍 방해, 조망 저해, 인공조명에 의한 빛공해, 그 밖에 대통령령으로 정하는 원인으로 인한 건강상·재산상·정신상의 피해를 말한다.
2. "환경분쟁"이란 환경피해에 대한 다툼과「환경기술 및 환경산업 지원법」제2조제2호에 따른 환경시설의 설치 또는 관리와 관련된 다툼을 말한다.

사건번호 2014도340

일상생활

119 출동 사건

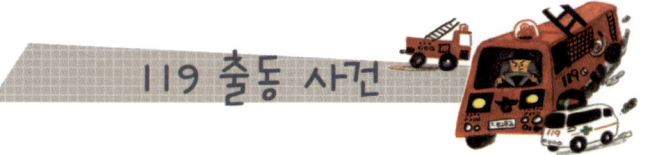

119에 장난전화를 해서 소방관들을 출동하게 한 다연이는 죄가 있을까?

지금부터 사건번호 2014도340의 모의재판을 시작하겠습니다. 다연이는 공공기관인 소방서에 집에 불이 났다고 장난 전화를 했습니다. 이에 소방관들이 출동하고 말았습니다. 이에 검사는 다연이를 공무집행방해죄와 「경범죄처벌법」위반죄로 기소했습니다. 배심원 여러분은 이 경우 어떠한 판결을 내리시겠습니까? 그러면 사건번호 2014도340의 올바른 판결을 위해 사건의 내용을 알아보도록 하겠습니다.

"여보세요. 여기 경찰서인데요. 방부균님 맞으시죠?"

"네. 마……맞는데요."

"지난번, 학교 앞에서 천 원짜리를 주운 적이 있죠. 그 모습이 감시용 카메라에 찍혔습니다. 주운 돈을 함부로 쓰는 것도 범죄란 사실을 모르십니까?"

"죄……죄송해요. 한 번만 용서해주세요."

부균이는 어지간히 겁을 먹었는지, 울먹이기까지 했어요. 교실 뒤편에서 그 모습을 지켜보던 나는 박장대소를 했지요. 부균이에게 경찰서라며 전화를 건 사람은 다름 아닌 나였기 때문이에요.

"뭐야? 네가 장난친 거야?"

그제야 속은 걸 안 부균이는 매우 분해했어요.

"두고 봐. 반드시 복수해 줄 테니깐."

부균이는 복수를 다짐했어요. 하지만 난 눈 하나 깜짝하지 않았어요. 부균이에게 속을 내가 아니었기 때문이에요.

집에 와서도 부균이의 그 놀란 표정이 좀처럼 잊혀지지 않았어요. 그래서 다연이에게 그 이야기를 해주었어요.

"잔뜩 겁에 질린 부균이의 얼굴을 너도 봤어야 하는데 말이야."

"우와. 재밌었겠다."

"그럼. 장난 전화가 얼마나 재미있는데. 내일은 집에 불이 났다고 부균이에게 장난 전화를 걸어볼 생각이야."

당황해 할 부균이의 얼굴을 떠올리니, 벌써 웃음이 났어요. 다연이도 내가 웃는 모습을 보고 덩달아 웃었어요. 그런데 엄마는 도통 우리가 노는 모습을 그냥 두고 보지 않았어요.

"뭐 좋은 일이라고 동생한테 그런 소리 하니? 그럴 시간 있으면 들어가서 숙제나 해."

"알았어요. 알았다고요."

마지못해 방으로 들어왔와 숙제를 하고 있는데, 어디선가 소방차 사이렌 소리가 들려 왔어요. 처음엔 헛것이 들리나 했는데, 그 소리는 점점 더 가깝게 들려왔어요. 놀라서 밖을 내다보니 커다란 소방차가 다름 아닌 우리 아파트 앞에 멈춰 서는 것이었어요.

"엄마. 우리 아파트에 불이 났나 봐."

"뭐? 그럼 어서 짐 챙겨야지. 통장이 어디 있더라. 아, 아니 그냥 나가자."

엄마는 어쩔 줄 모르고 허둥지둥하였어요. 그런데 그때, 현관문이 열리더니, 소방관 아저씨들이 우리 집 안으로 들이닥쳤어요.

"괜찮으십니까?"

"괘……괜찮냐니 뭐가요?"

"뭐긴요? 이 집에 불이 났다는 신고를 받고 오는 길입니다."

"네?"

우리는 도무지 영문을 몰랐어요. 우리 집에는 불은커녕, 연기도 나지 않았기 때문이에요.

"아무래도 잘못 아신 모양이에요. 우린 그런 신고를 한 적이 없는데요."

"그래도 일단 안을 좀 확인해보겠습니다."

소방관 아저씨들은 우리 집의 곳곳을 살폈어요. 그리고 아무 이상이 없는 것을 확인하고는 안도의 한숨을 내쉬었어요.

"아무래도 장난 전화였던 것 같습니다."

"네? 장난 전화요? 대체 누가 그런 장난을?"

그 순간, 부균이의 얼굴이 불현듯 떠올랐어요. 복수를 한다더니, 정말 119에 장난 전화를 한 모양이었어요.

"혹시 신고한 사람이 제 또래의 남자 아이는 아니었나요?

"우리 집에 불이 났어요."

내가 묻자, 소방관 아저씨는 고개를 가로저었어요.

"아니. 예닐곱 살 정도 된 꼬마 여자 아이 목소리였다는데. 맞다. 이름이 뭐냐고 물으니까 다연이라고 하던데. 이 집에 혹시 다연이라는 아이가 살고 있니?"

"네?"

다연이는 내가 장난 전화를 하고 노는 것을 보고 자기도 하고 싶었던 모양이었어요. 그렇다고 다연이가 진짜 119에 전화를 걸 줄은 상상조차 하지 못했어요.

"죄송합니다. 정말 죄송합니다."

엄마는 소방관 아저씨에게 연신 굽실거리며 사과를 했어요. 하지만 사과로 끝날 문제는 아닌 것 같았어요. 장난 전화 한 통 때문에, 여러 명의 소방관 아저씨들이 헛걸음을 했기 때문이에요. 다연이에게 장난 전화는 나쁜 것이라고 말해주었어야 했는데, 정말 후회가 되었어요.

다연이는 죄가 있을까?

지금부터 사건번호 2014도340, 119에 장난 전화를 해서 소방관들을 출동하게 한 다연이에 대한 판결을 내리겠습니다.

1 참가자의 한마디 & 최후 진술

관련자 소방관: 저희는 불이 났다는 신고가 들어와 불을 끄기 위해 출동했어요.

유죄입니다 (검사)

존경하는 재판장님.
잘못된 신고가 얼마나 위험한지 아십니까?
피고인을 엄하게 처벌해야 합니다.

① 피고인은 장난 전화를 해서 정말 위급한 사람을 구조해야 할 소방관들을 출동하게 했으므로, 거짓말(위계)에 따른 공무집행방해죄가 성립합니다.

② 이 외에 「경범죄처벌법」에 따라 장난 전화 자체로도 처벌할 수 있습니다.

피고인 다연이: 저는 그냥 언니를 따라 한 거예요. 그게 잘못인 줄 몰랐고 그냥 심심해서 해본 거예요.

무죄입니다 (변호사)

존경하는 재판장님.
피고인은 아직 어리고 잘 몰라서 장난 전화의 위험성을 알지 못했습니다. 선처해 주세요.

① 장난 전화 한 통으로 공무의 집행이 방해되었다는 것은 과장입니다. 실제로 출동을 하긴 했어도 특별히 공무에 방해되지는 않았습니다.

② 「경범죄처벌법」에 따르면 벌칙의 적용을 남용해서는 안 됩니다. 따라서 이번 사건은 형사처벌하지 말고 너그러이 용서해주십시오.

2 배심원의 판단

나는 다연이가 (무죄, 유죄)라고 생각합니다. 왜냐하면 _____

3 현명한 판사의 판결

공무집행방해죄
공무원을 때리거나 속여서 공무를 방해하는 범죄랍니다. 장난 전화 때문에 공무에 지장을 초래한다면 이것 또한 공무집행방해죄로 문제가 될 수 있죠.

「경범죄처벌법」위반죄
경범죄는 노상방뇨, 소리 지르기, 위협적인 행동하기, 장난 전화 등 다양해요. 엄연히 벌금으로 처벌되는 범죄랍니다.

선고유예제도
초범이고 반성의 여지가 있으면 형의 선고를 미뤄두고 나중에 재판을 면제해준답니다.

피고인 다연이의 말, 불이 났다는 신고가 여러 건 접수된 상황에서 다연이의 신고를 받고 출동한 소방관들의 증언, 다연이가 119에 허위신고하여 소방관 15명이 출동했다는 출동기록 등의 증거를 종합하면, 다연이는 다른 사람이 장난 전화하는 것을 보고 119에 "우리 집에 불이 났어요."라고 허위 신고하여 소방관들이 출동하게 되었다는 사실을 인정할 수 있다.

관공서 특히 경찰서나 소방서는 범죄사건이나 화재사건에서 가장 신속히 출동해야 하는데, 장난 전화로 업무를 제대로 수행하지 못하게 되면 누군가 다른 사람이 반드시 피해를 볼 수 있다. 따라서 긴급전화 111, 112, 119 등에 장난 전화를 하게 되면 중요한 범인을 못 잡거나 긴급한 화재를 진압하지 못하게 되므로 이런 행동은 엄연히 법으로 처벌하여야 한다. 이번 사건에서 다연이는 아무런 생각 없이 장난 전화를 하게 되었다고는 하지만, 장난 전화로 소방서의 공무가 방해된 사실 또한 인정할 수 있다. 따라서 「형법」과 「경범죄처벌법」에 따라 법적 책임을 지는 것이 맞다(상상적 경합). 다만, 다연이가 어리고 초범이며 자신의 행동을 깊이 반성하고 있으므로 선고유예를 통해 앞으로 재판을 면제해줄 수도 있다.

따라서 피고인에게는 「형법」 제136조, 「경범죄처벌법」 제3조제1호에 따라 벌금 1백만 원을 선고하되 그 선고를 유예하여 2년 후의 재판을 면제해준다.

 관련 법률

「형법」 제136조(공무집행방해) ① 직무를 집행하는 공무원에 대하여 폭행 또는 협박한 자는 5년 이하의 징역 또는 1천만 원 이하의 벌금에 처한다.

「경범죄처벌법」 제2조(남용금지) 이 법을 적용할 때에는 국민의 권리를 부당하게 침해하지 아니하도록 세심한 주의를 기울여야 하며, 본래의 목적에서 벗어나 다른 목적을 위하여 이 법을 적용하여서는 아니 된다.

「경범죄 처벌법」 제3조(경범죄의 종류) ① 다음 각 호의 어느 하나에 해당하는 사람은 10만 원 이하의 벌금, 구류 또는 과료(科料)의 형으로 처벌한다.
40. (장난 전화 등) 정당한 이유 없이 다른 사람에게 전화·문자메시지·편지·전자우편·전자문서 등을 여러 차례 되풀이하여 괴롭힌 사람

일상생활

사라져버린 엄마와 아빠의 추억

높은 건물을 지어 한강조망을 방해한 빌딩 주인에게 법적 책임이 있을까?

지금부터 사건번호 2014다341의 모의재판을 시작하겠습니다. 한강이 잘 보이는 곳에 있던 레스토랑 앞에 높은 빌딩이 들어서면서 이 레스토랑은 손님이 줄어드는 등 손해가 커졌습니다. 레스토랑은 바로 경치를 바라볼 권리인 조망권을 침해받았는데요. 이에 레스토랑 주인은 원고가 되어 빌딩 주인을 피고로 조망권침해에 대한 손해배상소송을 제기했습니다. 배심원 여러분은 이 경우 어떠한 판결을 내리시겠습니까? 그러면 사건번호 2014다341의 올바른 판결을 위해 사건의 내용을 알아보도록 하겠습니다.

오늘은 엄마와 아빠의 결혼기념일이었어요. 그런데 행복해야 할 두 분 사이에 싸늘한 기운이 감돌았어요.

"만약 내가 다시 15년 전으로 돌아가면, 네 엄마랑은 결혼하지 않았을 거다."

아빠는 우리에게 와서 투덜댔어요. 그런데 엄마도 마찬가지였어요.

"너희는 나중에 남자를 잘 만나야 한다. 엄마처럼 되지 않으려면 말이야."

다연이와 나는 서로의 얼굴을 보며 눈만 깜빡거렸어요. 두 분의 사랑의 결실이 우리인데, 대체 우리보고 뭘 어쩌라는 건지 도통 몰랐으니까요. 우리는 어떻게 하면 두 분을 화해시켜 드릴까 고민을 해보았어요. 그러다가 문득 엄마와 아빠가 어떻게 만났을지 궁금해졌어요.

"음, 우리는 아는 분의 소개로 만났지."

"맞아요. 그때 한강 변에 있는 레스토랑에서 처음 만났잖아요."

"오. 그래. 거기 전망이 참 좋았는데 말이야. 돈가스 맛도 괜찮았고."

두 분은 어느새 추억에 잠겼는지, 행복한 미소까지 지었어요. 그러다가 누가 먼저라도 할 것 없이 외쳤어요.

"거기에 가보자."

엄마와 아빠는 들뜬 표정으로 나갈 채비를 했어요. 다연이와 나도 얼른 준비하고 현관문 앞에 섰어요. 그 모습을 보고 엄마 아빠는 웃었어요.

"우리가 처음 만났을 땐 애들이 없었지. 아마."

"당연하죠."

차를 타고 한 20분쯤 달리니, 엄마와 아빠가 처음 만났다던 그 레스토랑이 나왔어요. 건물의 10층에 위치한 가게는 오랜 세월이 흘렀건만 여전히 간판에 불을 환하게 밝히고 있었지요. 레스토랑 안의 모습도, 별로 바뀐 게 없는 모양이었어요. 엄마와 아빠는 그 옛날에 앉았던 자리를 단번에 찾아 앉았어요. 다연이도 얼른 엄마 옆에, 나는 아빠 옆에 앉았어요.

"우와. 메뉴판도 그대로구나. 난 그때 먹은 돈가스."

"그럼 나도 그때 먹은 함박스테이크를 시킬래요."

지금은 좋아하지도 않는 음식을, 엄마 아빠는 주저 없이 골랐어요. 그런데 엄마와 아빠는 음식을 다 비우고 나서, 뭔가 아쉬운 표정을 짓는 것이었어요. 처음에는 맛이 변해서 그런가 생각했는데, 그건 아니었어요.

"그땐 이렇게 편하게 먹지 못했지."

"맞아요. 수줍어서 음식은 먹는 둥 마는 둥하고, 공연히 창밖만 바라봤죠."
엄마와 아빠는 누가 먼저라고 할 것 없이 고개를 돌려 창밖을 내다봤어요.
"그때는 여기서 한강이 내려다보였는데……."
"맞아요. 그러다가 당신이 대뜸 유람선 타러 가자고 했잖아요."
"그랬었지. 만약 그때 내가 그 말을 하지 않았다면 우리가 결혼할 수 있었을까? 그런데 이젠 여기서 한강이 보이질 않네."
엄마와 아빠 말씀대로 그 사이 새로 지어진 건물이 창밖을 가리는 바람에, 레스토랑에서는 더 이상 한강을 내려다 볼 수 없었어요. 엄마와 아빠는 소중한 추억을 잃은 듯, 실망한 표정을 지었어요.
"이젠 그마저도 문을 닫게 될 듯합니다."
멀찍감치에서 엄마와 아빠의 이야기를 들은 레스토랑 주인아저씨가 씁쓸한 표정으로 말했어요. 그 이야기를 듣고 엄마와 아빠는 깜짝 놀랐어요.
"그게 무슨 말씀이세요? 레스토랑이 문을 닫다니요."
"아시다시피 이 레스토랑은 음식 맛도 맛이지만, 전망 때문에 오는 손님들이 아주 많았습니다. 그런데 지난 해, 저 빌딩이 세워지면서 손님들의 발길이 뚝 끊기고 말았지요. 빌딩이 레스토랑을 가리는 바람에 더 이상 멋진 풍경을 볼 수 없게 되었으니까요. 어떻게든 계속해서 레스토랑을 운영하고 싶지만, 이젠 더 이상 버티기가 힘이 듭니다."
주인아저씨는 깊은 한숨을 내쉬었어요. 그 말을 듣고 아빠는 뭔가 떠오른 듯 말했어요.

"듣자하니 바깥 풍경을 볼 수 있는 것도 엄연한 권리라고 하던데요. 건너편 빌딩 주인에게 보상을 요구해보시는 것이 어떻습니까?"

아빠의 말에 레스토랑 주인아저씨는 솔깃해 했어요.

"오호. 만약 보상이 가능하다면, 그 돈으로 계속해서 레스토랑을 운영하도록 하겠습니다. 저 또한 많은 사람의 추억이 깃든 이 레스토랑을 이대로 문 닫게 하고 싶지는 않으니까요. 게다가 이 레스토랑은 저에게도 추억이 아주 많은 곳이거든요."

빌딩 주인에게 배상 책임이 있을까?

지금부터 사건번호 2014다341, 레스토랑의 한강조망을 가려버린 빌딩 주인에 대한 책임을 묻는 재판을 시작하겠습니다.

1 참가자의 한마디 & 최후 진술

원고 뒷길 레스토랑 주인: 얼마 전까지만 해도 아름다운 한강을 볼 수 있었는데, 저 빌딩이 세워진 이후로 손님도 줄어들어 손해가 무척 큽니다.

배상해야 합니다
(원고 변호사)

존경하는 재판장님.
최근 들어 아름다운 경치를 가진 곳은 재산가치도 높은 편인데, 이런 조망권은 법적으로 보호될 필요가 있습니다.

① 조망권은 법에 직접 나와 있지는 않지만, 실제로 조망권(경치를 바라볼 권리)을 가진 건물이 높은 재산가치를 형성하고 있으므로 이 또한 무형의 재산권으로 보호될 필요가 있습니다.

② 이번 사건에서 피고는 원고가 그동안 누리던 한강 조망권을 함부로 침해하였기에 마땅히 「민법」 제750조에 따라 손해배상책임을 부담합니다.

피고 빌딩 주인: 내 땅에 내가 건물을 짓는데 그게 무슨 문제입니까? 우리가 한강에 더 가까운 것뿐이라고요.

배상의무가 없습니다
(피고 변호사)

존경하는 재판장님.
조망권을 누가 가지는가는 세월에 따라 달라지는 것이고, 이번에 새로 지은 빌딩은 본인 소유의 땅에 지은 것이므로 전혀 문제되지 않습니다.

① 조망권은 법에 규정되어 있지 않은 권리입니다. 말도 안 되는 주장으로 피고에게 돈을 요구하는 것뿐입니다.

② 한강은 자연물로서 누구나 바라보고 즐길 수 있는 것입니다. 피고의 땅이 한강에 가까웠기에 한강을 더 많이 바라보게 된 것입니다.

2 배심원의 판단

나는 빌딩 주인에게 (배상의무가 있다, 배상의무가 없다)라고 생각합니다. 왜냐하면

3 현명한 판사의 판결

원고와 피고 각각의 주장, 양측 건물의 위치가 적힌 지적도, 한강 조망을 독차지한 피고 건물이 신축되어 원고 레스토랑의 한강 조망이 제한되었다는 감정평가사의 감정평가결과, 최근 1년 새 한강 조망을 가려버려 영업 매출이 반 이상 하락했다는 영업장부기록 등의 증거를 종합하면, 최근 세워진 피고의 빌딩이 한강 변에 세워져 원고가 그동안 누렸던 한강조망권(바라볼 권리)이 제한되었고 특히 영업을 하는 원고의 영업매출이 급격하게 감소한 사실을 인정할 수 있다.

일조권과 조망권은 법적으로 보호될 필요가 있는 권리로 최근 주목받는 것인데, 일조권은 햇빛을 받을 권리로서 건강과 직접 관련된 것이다. 조망권은 이보다는 못할 수 있으나, 조망권의 침해로 직접적인 영업이익의 침해가 오거나 건물 가치가 하락하는 경우가 발생하는 경우라면 법적 보호가 필요하다. 이번 사건에서 원고는 단순히 경치를 감상해온 것이 아니라 손님들이 경치를 볼 수 있는 레스토랑을 운영해 왔기에, 한강이 보이지 않자 손님이 줄고 매출이 줄어들었다. 이런 경우에는 조망권이 영업이익에 영향을 끼치기 때문에 재산적인 가치로서 보호될 필요가 있다. 피고는 법에 규정되어 있지 않은 조망권을 보호할 필요가 없고 한강에 더 가까운 자신들이 한강 조망을 누려야 한다고 주장하지만, 조망권은 법적인 보호를 받고 있다는 것이 관련 법규와 대법원 판례의 입장이므로 다른 사람을 제한하고 누군가 독점하는 것은 법적으로 문제가 된다.

따라서 피고는 조망권침해에 따른 불법행위를 하였으므로 원고에게 그 손해배상으로서 매월 5백만 원을 지급하도록 한다. 우리나라는 금전배상주의를 따르고 있으므로 피고는 원고의 매출 하락분의 최소 30퍼센트 이상을 금전으로 배상하는 것이 마땅하다고 본다.

일조권, 조망권
예전에는 그리 주목받지 못한 것인데, 요즘 건축 관련법이나 민사법에서는 중요하게 다뤄진답니다. 햇볕을 쬐거나 경치를 감상할 수 있는 권리를 침해하면 불법행위가 될 수 있죠.

불법행위
다른 사람에게 고의나 과실로 위법하게 손해를 끼치는 거예요. 손해배상책임이 성립하게 되죠.

손해배상책임
우리나라는 손해배상책임이 생기면 금전으로 손해를 배상하게 한답니다. 이것을 금전배상주의라고도 하죠.

원고 승소

관련 법률
※ '일조권'이 법에 명시적으로 나온 법률입니다. 우리나라에 아직 '조망권'이 직접 명시된 법률은 없습니다.

「특정건축물 정리에 관한 특별조치법」
제5조(사용승인) 특별자치시장·특별자치도지사 또는 시장·군수·구청장은 제4조제1항에 따라 신고받은 대상건축물이 다음 각 호의 기준에 적합한 경우에는 「건축법」 및 관계 법률에도 불구하고 신고받은 날부터 30일 내에 「건축법」 제4조에 따라 해당 지방자치단체에 두는 건축위원회의 심의를 거쳐 해당 대상건축물의 건축주 또는 소유자에게 사용승인서를 내주어야 한다.
2. 「건축법」 제44조, 제46조 및 제47조(해당 규정의 적용에 있어서 도로의 최소 너비는 「건축법」 제2조제1항제11호에도 불구하고 3미터로 한다. 이하 같다)를 위반하지 아니하고 구조안전·위생·방화와 도시계획사업의 시행 및 인근 주민의 일조권(日照權) 향유에 현저한 지장이 없는 건축물일 것.

사건번호 2014도342

일상생활

심심풀이로 시작된 윷놀이의 최후

명절에 내기 화투를 한 아빠와 삼촌은 죄가 있을까?

지금부터 사건번호 2014도342의 모의재판을 시작하겠습니다. 아빠와 삼촌은 명절에 내기 화투를 했습니다. 그런데 그 정도가 심해지자 경찰까지 출동하고 말았습니다. 단순한 오락이라도 정도가 심해지면 재산도 잃게 되는 도박이 될 수 있습니다. 이에 검사는 아빠와 삼촌을 도박죄로 기소했습니다. 배심원 여러분은 이 경우 어떠한 판결을 내리시겠습니까? 그러면 사건번호 2014도342의 올바른 판결을 위해 사건의 내용을 알아보도록 하겠습니다.

　명절인데도, 아빠는 누워서 리모컨만 만지작거렸어요. 삼촌도 방에 틀어박혀 컴퓨터 모니터만 들여다보고 있었지요. 온종일 차례상을 차리느라 녹초가 된 엄마한테 놀아달라고 할 수는 없었어요.
　"놀아줘요. 놀아줘요."
　황금 같은 명절을 이대로 보낼 수는 없었어요. 다연이는 아빠를 맡고 삼촌은 내가 맡았어요. 그리고 우리들의 등쌀에 못 이긴 아빠와 삼촌이 거실로 나왔어요.
　"대체 뭐 하고 놀자는 말이냐?"
　"윷놀이해요. 윷놀이."

"윷놀이?"

아빠와 삼촌도 구미가 당기는 모양이었어요. 곧이어 아빠와 다연이가 한편을 먹고, 삼촌과 내가 한편이 되어 윷놀이를 시작했어요.

"윷 나와라. 윷."

"으하하. 개로구나. 개."

"이런, 왜 나는 계속 개만 나와."

우리는 엎치락뒤치락하며 재미있게 윷놀이를 했어요. 그런데 게임이 계속되면서 아빠와 삼촌은 점점 승부욕에 불타기 시작했어요.

"출출한데 통닭 내기라도 할까?"

"좋죠."

그러나 통닭은 핑계일 뿐이었어요. 곧이어 아빠와 삼촌은 돈을 걸고 윷놀이를 하기 시작했어요. 그리고 한 판에 오천 원씩 돈이 걸리자 눈빛도 변해버렸지요. 처음엔 우리에게도 윷을 던지게 해주더니, 나중에는 아빠와 삼촌만 윷을 던졌어요. 말을 놓는 때도 우리는 건드리지도 못하게 했어요.

"쳇, 우린 방에 들어가서 놀자."

"그래. 언니."

다연이와 나는 방에 들어가서 소꿉놀이를 하고 놀았어요. 그런데 얼마나 지났을까, 거실에서 떠들썩한 소리가 들리는 것이었어요.

"앗싸! 쓰리고!!"

어느새 종목은 윷놀이에서 화투로 바뀌어 있었어요. 내기에 걸린 돈의 액수도 전보다 훨씬 많아 보였지요. 만 원짜리, 오만

원짜리도 보였죠.

"으악. 져버렸다."

"하하하. 용돈 잘 쓰겠습니다. 매형."

삼촌이 돈을 모두 딴 모양이었어요. 삼촌은 좋아서 집이 떠나가라 웃어댔고, 아빠는 분해하며 주먹으로 바닥을 쿵쿵 쳤어요.

"아직 안 끝났어. 기다려."

분을 못 이긴 아빠는 서재로 갔어요. 그리고 책 사이에 숨겨놓은 지폐 뭉치를 들고 오는 것이었어요. 마침 안방에서 쉬다가 나온 엄마가 그 모습을 보고 화들짝 놀랐지요.

"어머. 당신 그 돈이 뭐예요? 비상금 숨겨두고 있었던 거예요?"

평소 같았으면 비상금을 들킬까 봐 노심초사하던 아빠였지만, 승부욕이 불탄 아빠는 엄마의 잔소리조차 귀에 들리지 않는 듯했어요.

"다시 시작해. 파산시켜 줄 테니."

"아하하. 이번 명절은 아주 대박이네요. 딴 돈으로 여행이나 갈까 봐요."

"시끄러워. 화투 패나 돌려."

게임의 열기는 점점 더 뜨거워져 갔어요. 그리고 승패가 갈릴 때마다 환호와 탄식이 교차했지요. 그런데 그때였어요. 초인종이 울려서 나가봤더니, 경찰 아저씨가 서있는 것이었어요.

"도박판이 벌어졌다는 신고가 있어 왔습니다."

　화투치는 소리가 얼마나 떠들썩했으면, 이웃집에서 도박판이 벌어진 줄 알고 신고를 한 모양이었어요. 아빠와 삼촌은 가족들끼리 친목 도모를 했을 뿐이라며 변명을 했어요. 그러나 친목 도모라고 하기엔 화투판에 놓인 지폐가 너무 많아 보였어요.
　"아무래도 경찰서에 가서 이야기하셔야 할 것 같습니다."
　"믿어주세요. 우린 정말 친목 도모를 한 거예요. 우린 처남과 매형 사이라고요."
　"그러니까 그런 이야기는 일단 경찰서에 가서 이야기 하시죠."
　아빠와 삼촌은 꼼짝 없이 경찰 아저씨를 따라나서게 되었어요. 엄마는 그 모습을 보고 콧방귀를 끼었지요.
　"저 놈의 승부욕. 대체 남자들은 왜들 저런다니. 이번 기회에 혼 좀 나 봐야 한다니깐."
　엄마는 그렇게 말하며, 아빠의 비상금을 모두 챙겼답니다.

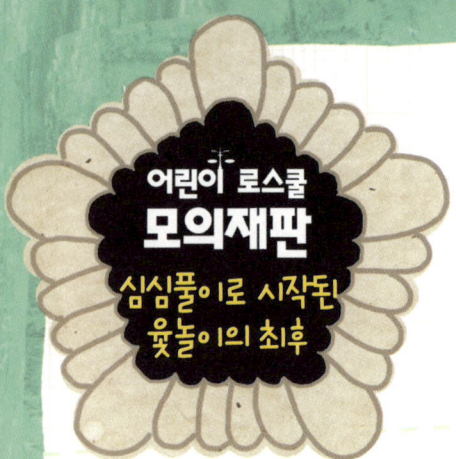

아빠와 삼촌은 죄가 있을까?

지금부터 사건번호 2014도342, 명절에 내기 화투를 한 아빠와 삼촌에 대한 판결을 내리겠습니다.

1 참가자의 한마디 & 최후 진술

사람들이 웅성웅성하면서 돈을 걸고 화투를 치는 것 같아 신고했어요.

그냥 명절에 심심풀이로 한 거예요. 도박은 아니라니까요!!

유죄입니다 (검사)

존경하는 재판장님.
도박은 개인과 사회 그리고 나라까지 망칠 수 있는 범죄입니다. 엄하게 처벌해 주시기 바랍니다.

❶ 도박은 실력이 아니라 우연성을 가지고 득실과 성패를 가르는 것이니, 우리 사회에서 사라져야 할 범죄입니다.
❷ 아무리 명절에 장난으로 그랬다고 해도, 수십만 원이 넘는 돈을 걸어 돈을 따는 화투판을 벌였으므로 도박죄로 처벌해야 합니다.

무죄입니다 (변호사)

존경하는 재판장님.
도박은 엄중히 처벌받아야 하지만, 피고인의 경우에는 「형법」을 적용해서는 안 됩니다.

❶ 「형법」 제246조에는 "도박을 한 사람은 1천만 원 이하의 벌금에 처한다."라고 되어 있지만, "일시오락은 예외로 한다."라고도 되어 있습니다.
❷ 이번 사건을 보면 명절에 모인 피고인들이 심심풀이로 윷놀이와 화투를 하게 된 것이므로 일시오락이 분명합니다.

2 배심원의 판단

나는 아빠와 삼촌이 (무죄, 유죄)라고 생각합니다. 왜냐하면 _____
_____

3 현명한 판사의 판결

도박죄

도박은 인류의 오래된 범죄랍니다. 도박을 합법화하는 나라도 있지만, 우리나라는 도박과 복권을 엄격하게 제한하고 있어요. 법에서 허용한 경우(내국인카지노, 복권제도 등)가 아니면 모두 불법도박, 불법복표랍니다. 다만, 일시오락이라고 보는 경우에는 위법성이 없다고 보아 도박죄로 처벌하지 않아요.

무죄의 판결

죄가 인정되지 않거나 죄를 인정할 증거가 부족한 경우에는 「형사소송법」 제325조에 따라 무죄 판결을 내리죠.

> 피고인 아빠와 삼촌의 말, 도박현장을 목격한 단속 경찰공무원의 증언, 현장에서 찍은 화투와 현금 등의 사진, 시끄러운 소리가 나서 전문 도박단이 온줄 알았다는 이웃주민들의 사실확인서 등의 증거를 종합하면, 명절에 모인 피고인은 친목을 다진다는 명목으로 돈을 걸고 윷놀이와 화투를 한 사실을 인정할 수 있다.
>
> 도박은 사람의 노력으로 결과를 얻기보다는 우연성을 가지고 일확천금을 얻는 것으로서 사회적으로 횡재를 바라며 게으름을 조장하는 분위기를 만드는 범죄이다. 세계 여러 나라들이 도박을 금지하는 것은 국민이 정상적인 생활을 하지 못하고 재산을 탕진하게 되기 때문이다. 화투는 카드와 함께 전형적인 도박수단으로 쓰이는데, 이는 익히기 쉽고 적은 인원으로 빨리 승부를 결정지을 수 있기 때문으로 보인다. 이번 사건에서 피고인이 수십만 원이 넘는 돈을 걸고 화투를 하여 주민들이 신고까지 하게 된 것은 크게 잘못된 일로 보인다. 다만, 피고인은 명절에 친목을 다지기 위하여 심심풀이로 하였고 주위 목격자들의 여러 증언이 이를 뒷받침하므로 이번 행위는 사회통념에 비추어 볼 때 위법하다고 보기 어렵다. 결국, 「형법」 제246조제1항의 도박행위(일시오락 정도)가 있었다고 보이고, 검사가 따로 피고인의 범죄를 증명할 증거를 내지 못하고 있으므로 본 재판부로서는 무죄를 선고할 수밖에 없다.
>
> 따라서 「형법」 제246조제1항의 도박죄로 공소제기된 피고인에게는 범죄로 되지 않거나 범죄사실의 증명이 없다고 보이므로 「형사소송법」 제325조에 따라 무죄를 선고한다.

관련 법률

「형법」 제246조(도박, 상습도박) ① 도박을 한 사람은 1천만 원 이하의 벌금에 처한다. 다만, 일시오락 정도에 불과한 경우에는 예외로 한다.
「형법」 제248조(복표의 발매 등) ① 법령에 의하지 아니한 복표를 발매한 사람은 5년 이하의 징역 또는 3천만 원 이하의 벌금에 처한다.
「형사소송법」 제325조(무죄의 판결) 피고사건이 범죄로 되지 아니하거나 범죄사실의 증명이 없는 때에는 판결로써 무죄를 선고하여야 한다.

사건번호 2014다343

일상생활

뒤늦게 도착한 택배의 전말

반품기한이 지난 상품은 반품할 수 없을까?

지금부터 사건번호 2014다343의 모의재판을 시작하겠습니다. 시연이는 인터넷 쇼핑을 통해 옷을 구매했고 옷이 마음에 들지 않아 반품하려고 했습니다. 그런데 쇼핑몰 업체는 "철회기한이 지났다."라며 반품을 해줄 수 없다고 합니다. 이에 시연이는 원고가 되어 '청약의 철회를 이유로 서로 원상회복(원상회복이행 청구)'을 요구하고 있습니다. 배심원 여러분은 이 경우 어떠한 판결을 내리시겠습니까? 그러면 사건번호 2014다343의 올바른 판결을 위해 사건의 내용을 알아보도록 하겠습니다.

우리 선생님이 결혼하신대요. 노처녀라 내심 걱정을 했는데, 짚신도 짝이 있다는 말이 맞긴 한 모양이에요.

'아. 선생님 결혼식에 무슨 옷을 입어야 하나?'

다들 한껏 빼입고 올 텐데, 아무리 옷장을 뒤져봐도 입을 만한 옷이 없었어요. 그나마 있는 옷이라곤 꽃무늬 원피스인데, 결혼식에 꽃무늬 원피스가 가당키나 한가요.

"엄마. 옷 사 주세요."

몇 날 며칠간의 투쟁 끝에, 엄마의 승낙을 받아냈어요. 그리고 곧바로 인터넷 쇼핑몰에서 그동안 찜을 해놨던 하얀 원피스를 주문했어요. 그런데 당일 배송이라더니, 하루가 지나고 이틀이 지나도 원피스는 올 생각을 하지 않았어요. 그리고 어느덧, 결혼식은 코앞으로 다가오고 말았어요. 기다리다 못해 쇼핑몰에 전화를 해보았어요.

"지금은 통화량이 많아 상담원 연결이 지연되고 있으니 잠시 후 다시 걸어주시기 바랍니다."

상담원과 통화하기란 하늘의 별 따기와 같았어요. 여러 차례의 시도 끝에야 겨우 통화가 되었지요.

"고객님이 주문하신 물건은 이미 배송처리 된 것으로 나옵니다. 택배사와 연락을 해보시기 바랍니다."

쇼핑몰에서는 자기들은 모르는 일이라며 발을 뺐어요. 하는 수 없이 택배회사에 연락을 해보았어요. 그런데 이번에도 통화량이 많아 상담원 연결이 지연된다는 메시지만 들려왔어요.

'망했다. 망했어.'

택배회사와는 통화조차 하지 못했고, 결국 선생님 결혼식에는 꽃무늬 원피스를 입고 가게 되었어요.

"어머. 시연아, 옷이 너무 화려한 거 아니니?"

"그러게. 마치 나들이 온 사람 같다."

예상대로 아이들은 저마다 한껏 멋을 내고 왔어요. 그에 반해 난, 내내 나들이라도 가냐는 질문을 들어야만 했지요. 창피해서 고개를 들지 못했고, 사진을 찍을 때도 맨 뒤에 숨어서 얼굴만 쏙 내밀었어요.

'도대체 이게 무슨 망신이야.'

결혼식이 끝나자마자 그 맛있는 뷔페도 마다하고 도망치듯 결혼식장을 빠져나왔어요. 그런데 집에 와 보니 그렇게 기다리고 기다리던 하얀 원피스가 도착해 있었어요. 알고 보니, 우리 집이 아닌 엉뚱한 집에 배송되었다가 이집저집을 돌아 우리 집으로 오게 된 것이었더라고요.

"이제 와서 뭐해. 이런 거 안 입어."

화가 났지만, 그래도 일단 입어나 보자는 심산으로 포장을 뜯었어요. 그런데 이게 웬걸, 분명 모델이 입었을 때는 허리는 잘록하고 달린 리본도 앙증맞아 보였는데, 내가 입으니 완전히 아줌마 같아 보였어요.

"모델도 모델이지만 옷이 확실히 이상하구나."

"맞아. 옷이 정말 웃겨."

엄마도 다연이도 옷이 이상하다는 것을 인정했어요. 그래서 반품을 결심하고 쇼핑몰에 전화를 했어요. 이번에도 여러 번의 시도 끝에 겨우 상담원과 통화할 수 있었지요.

"무엇을 도와드릴까요?"

"반품 처리를 하려고요."

"네. 고객님. 옷에 무슨 문제라도 있으신지요?"

"옷이 생각했던 것과 너무 달라요. 그래서 반품하려고요."

"아. 그럼 단순 변심에 의한 반품요청이시군요."

상담원은 그렇게 말하더니, 내 주문번호를 확인하고는 뜻밖의 말을 했어요.

"교환이나 반품은 상품을 받은 지 일주일 내에 하셔야 합니다. 법에도 그렇게 되어 있죠. 그런데 고객님께서는 상품을 받은 지 열흘이 지나셨네요."

"그게 무슨 말씀이세요? 저는 오늘에서야 상품을 받았다고요."

"죄송합니다. 고객님. 만약 받으신 게 그렇다 해도 공급일도 중요하거든요. 적어도 저희 쪽에서는 이미 열흘 전에 발송한 것으로 조회되니 반품은 불가합니다. 저희는 그 시점에 법에 따라 공급이 끝난 거거든요."

상담원은 그렇게 말하고는 뚝 하고 전화를 끊어버렸어요.

'뭐 이래? 내가 어린이라고 무시하는 거야.'

화가 나서 다시 전화 전화를 걸어보았어요. 그러나 더 이상 통화는 되지 않았어요. 꼼짝없이 아줌마 같아 보이는 원피스를 입어야만 하는 건가요?

시연이는 반품을 할 수 있을까?

지금부터 사건번호 2014다343, 인터넷 쇼핑몰의 청약을 철회하고 원상회복을 요구하는 시연이의 소송에 대한 판결을 내리겠습니다.

1 참가자의 한마디 & 최후 진술

원고 시연이: 인터넷으로 본 상품과 완전 다르고, 배송도 늦어서 결국 입지도 못했어요. 반품해주세요.

원상회복을 요구합니다
(원고 변호사)

존경하는 재판장님.
인터넷 쇼핑 규모가 수조 원을 넘어서고 있는 시점에서 허위매물이나 배송지연 등은 엄연히 금지되어야 합니다.

① 「전자상거래법」에 따르면 상품의 정보를 정확히 표시하고 광고해야 하며 이런 사실을 위반하는 자체로도 범죄가 될 수 있습니다. 또한 「전자상거래법」에서는 소비자의 특별한 책임(훼손 등)이 없는 경우에는 7일 이내에 환불을 요청할 수 있습니다.
② 이번 사건에서 원고는 배송을 늦게 받고 잘못된 상품을 받았으므로 법에 따라 청약을 철회할 수 있습니다.

피고 쇼핑몰 사장: 광고는 약간의 과장이 있을 수 있습니다. 그리고 저희는 이미 열흘 전에 발송했어요. 저희는 관련 법규를 모두 지켰다니까요!

받아들일 수 없습니다
(피고 변호사)

존경하는 재판장님.
청약철회를 나쁘게 이용하는 사람들이 많아 도저히 영업할 수 없는 상황입니다.

① 인터넷 쇼핑몰은 경쟁이 치열한 시장이므로, 상품에 대해 약간의 과장이 있을 수 있습니다. 또한 「전자상거래법」에 따르면 상품을 발송(공급)한 때부터 7일이 지나면 소비자가 함부로 청약철회를 할 수 없습니다.
② 원고의 청구는 기한이 지난 청약철회이기 때문에 받아들일 수 없습니다.

2 배심원의 판단

나는 시연이가 (반품할 수 있다, 반품할 수 없다)라고 생각합니다. 왜냐하면

3. 현명한 판사의 판결

원고 시연이와 피고 쇼핑몰 사장의 주장, 원고가 피고의 사이트에서 원피스를 결제하였다는 영수증, 피고가 운영하는 쇼핑몰의 원피스와 시연이의 원피스가 약간 다르다는 사진 자료, 쇼핑몰에서는 10일 전에 배송한 것으로 확인되나 택배의 잘못으로 시연이가 늦게 받게 되었다는 택배회사의 사실확인서 등의 증거를 종합하면, 원고는 피고의 쇼핑몰에서 원피스를 구매하였는데 늦게 배송을 받았고 광고의 원피스와 너무 달라 환불을 요구하였으나 피고가 발송 후 7일이 지났다는 이유로 이를 거부하고 있는 사실을 인정할 수 있다.

요즘 유행하는 홈쇼핑이나 인터넷 쇼핑은 물건을 직접 보고 사는 것이 아니므로 잘못된 상품을 고르거나 충동구매를 할 수 있다. 따라서 판매자는 정확한 상품정보를 제공해야 하고 구매자는 물건을 받은 뒤 7일 이내라면 '단순변심'이라고 해도 환불(청약철회)을 요구할 수 있다. 철회 기간은 7일인데, 공급을 시작한 때 또는 공급받은 때로부터 계산된다. 그런데 이것은 '도달주의'라는 법의 해석상 소비자가 실제 공급 받은 때부터 보는 것이 맞으므로 원고의 청구가 타당하다. 이에 원고가 청약을 철회하고 있으므로 법에 따라 원고는 물건을 손상 없이 반환하여야 하고(배송비 부담할 수 있음) 피고는 물건을 반송받고 3일 이내에 환불해 주어야 한다.

따라서 이번 사건의 청약철회는 가능하고, 피고는 원고로부터 원피스를 돌려받는 대로 원고가 요구하는 환불절차를 해주어야 한다.

「전자상거래법」
원래 명칭은 「전자상거래 등에서의 소비자보호에 관한 법률」이랍니다. 홈쇼핑, 인터넷 쇼핑 등에 두루 적용되지요. 직접 보고 사는 것이 아니라 상품을 정확히 모르고 사게 되므로 단순변심이라고 해도 청약 후 7일 이내에 철회해주도록 하고 있죠.

청약, 철회
계약은 청약과 승낙이라는 절차를 밟는답니다. 그래야 계약이 성립되죠. 전자상거래에서 소비자가 청약만을 해 놓고 7일 이내라면 계약 성립 이전에 상대방의 동의 없이도 철회할 수 있어요.

관련 법률

「전자상거래 등에서의 소비자보호에 관한 법률」
제17조(청약철회 등) ① 통신판매업자와 재화 등의 구매에 관한 계약을 체결한 소비자는 다음 각 호의 기간(거래당사자가 다음 각 호의 기간보다 긴 기간으로 약정한 경우에는 그 기간을 말한다) 이내에 해당 계약에 관한 청약철회 등을 할 수 있다.
1. 제13조 제2항에 따른 계약내용에 관한 서면을 받은 날부터 7일. 다만, 그 서면을 받은 때보다 재화 등의 공급이 늦게 이루어진 경우에는 재화 등을 공급받거나 재화 등의 공급이 시작된 날부터 7일
제18조(청약철회 등의 효과) ① 소비자는 제17조제1항 또는 제3항에 따라 청약철회 등을 한 경우에는 이미 공급받은 재화 등을 반환하여야 한다.
② 통신판매업자는 재화 등을 반환받은 날부터 3영업일 이내에 이미 지급받은 재화 등의 대금을 환급하여야 한다.

사건번호 2014배344

일상생활

시연이의 맨홀 추락 사건

도로의 맨홀에 빠져 다친 시연이는 시로부터 배상받을 수 있을까?

지금부터 사건번호 2014배344의 모의재판을 시작하겠습니다. 시연이는 길을 걷다 맨홀에 빠져 크게 다쳤습니다. 맨홀을 파헤치고 무슨 공사를 하고 있었나 본데, 그 주위에는 안전 펜스 등의 주의 표시도 없었습니다. 이에 시연이는 배상신청인이 되어 도로의 관리자인 시를 상대로 국가배상신청을 제기했습니다. 배심원 여러분은 이 경우 어떠한 결정을 내리시겠습니까? 그러면 사건번호 2014배344의 올바른 결정을 위해 사건의 내용을 알아보도록 하겠습니다.

세희가 책을 한 권 빌려줬는데 너무나도 재미있는 것이었어요. 쉬는 시간은 물론 점심밥까지 거르며 책을 봤어요. 그리고 집에 가는데도 책의 내용이 궁금해 미칠 지경인 거예요. 도저히 안 되겠다 싶어 책을 보면서 학교 근처의 길을 걷기 시작했어요.

"얘야, 앞을 똑바로 보고 걸어야지. 그러다 넘어질라."

문방구 아줌마가 걱정스러운 듯 말했어요. 그러나 나는 건성으로 대답하고, 계속 책을 보며 걸었어요. 책의 내용도 너무나 궁금했지만, 매일 다니는 길이라 눈감고도 갈 자신이 있었거든요. 한참 흥미진진하게 책을 읽으며 걷고 있는데, 갑자기 몸이 붕 뜨는 기분이 들더니 어디

론가 몸이 쑥 빠져 들어가는 것이었어요. 그리고 잠시 정신을 잃고 말았어요.

'여……여기가 어디지?'

정신을 차리고 주위를 둘러보니, 사방은 칠흑같이 어두워 아무것도 보이지 않았어요. 게다가 온통 축축했고 매캐한 냄새도 났어요. 어디선가는 쥐의 찍찍거리는 소리도 들렸어요. 도무지 이곳이 어디인지 감이 잡히지 않았어요. 그런데 문득 고개를 들어 위를 올려다보니 머리 위로 동그란 구멍이 뚫려 있었어요. 그제야 난 맨홀 속에 빠진 것을 깨달았어요.

"도와주세요. 누구 없어요."

온 힘을 다해 외쳐 보았어요. 하지만 내 소리를 듣고 와주는 사람은 아무도 없었어요. 게다가 주머니에 넣어둔 휴대전화도 어디에 흘렸는지 보이지 않았어요. 덜컥 겁이 나기 시작했고, 이대로 있다가는 정말 큰일이 날 것 같았어요. 그런데 그때였어요.

"따르릉."

전화벨이 울리면서 바닥에 떨어뜨린 전화기에서 빛이 났어요. 냉큼 전화기를 집어 드니, 엄마에게서 온 전화였어요.

"엄마. 살려줘요."

"살려달라니. 그게 무슨 말이니?"

"맨홀에 빠진 것 같아요. 무서워요. 엄마."

"치……침착해야 한다. 엄마가 119에 전화할 테니 조금만 기다려."

전화기를 가슴에 품고, 구급대가 와주기를 간절히 기다렸어요. 그리고

얼마나 지났을까, 사이렌 소리가 요란하게 들리기 시작했어요. 나는 구조대 아저씨들이 나를 찾을 수 있도록 있는 힘을 다해 소리를 질렀어요.

"여기에요. 여기."

곧이어 환한 빛이 내 머리 위를 비췄어요. 그리고 사다리가 내려오더니, 주황색 옷을 입은 구조대원 아저씨가 내게 손을 내밀었어요.

"안심해라. 내 손을 잡으렴."

얼른 아저씨의 손을 잡았어요. 그리고 밖으로 나오자, 엄마가 애태우며 나를 기다리고 있었어요.

"시연아."

"엄마."

엄마의 품으로 달려가 안겼어요. 그리고 서러움에 복받친 나머지 엉엉 울었어요. 엄마는 그런 나를 토닥여 주었어요.

"안심하렴. 그런데 어디 다친 데는 없니?"

"네. 괘……괜찮아요."

"괜찮긴 뭐가 괜찮다는 거니?"

몰랐는데, 나와서 보니 팔꿈치며 무릎이며 어디 하나 성한 곳이 없었어요. 당장 병원에 가서 치료를 받지 않으면 안 될 지경이었지요. 그 모습을 보고 엄마는 분통을 터트렸어요.

"아무래도 안 되겠다. 이 문제에 대한 책임을 분명히 물어야

겠어."

엄마는 잔뜩 화가 난 표정으로 말했어요.

"엄마. 사실은 모두 제 잘못이에요. 제가 책을 보며 걷느라 앞을 제대로 살피지 않았어요."

그런데도 엄마는 나를 나무라지 않았어요.

"네가 앞을 잘 살피지 않고 걸은 건 분명 잘못한 일이다. 하지만 맨홀에 빠진 것이 반드시 그 때문이라고는 할 수 없어. 저것 봐라. 길 한 가운데에 맨홀 뚜껑이 열린 채 방치되어 있지 않니? 게다가 공사 중이라면 안전 펜스라도 쳐놨어야지. 그러니 너 뿐만 아니라 누구라도 맨홀에 빠졌을 거란다. 도로의 시설물 관리자가 도대체 누군데 이런 일이 생기니. 또다시 이런 일이 일어나지 않도록 난 이 문제를 분명히 짚고 넘어갈 생각이야."

시는 책임이 있을까?

지금부터 사건번호 2014배344, 맨홀에 빠진 책임을 묻는 배상 신청사건에 대한 결정을 내리겠습니다. (배상심의회는 국가 또는 지방자치단체에 대한 배상 신청 사건을 심의하는 법무부 소속 위원회이고, 그 산하조직으로 지구 심의회가 있습니다.)

1 참가자의 한마디 & 최후 진술

신청인 시연이: 맨홀을 열고 공사를 한다면 주의 표시가 있어야 되는 거 아닌가요? 너무 아프고, 너무 무서워요!

배상해야 합니다
(신청인 변호사)

배상심의회 위원장님.
나라나 지방자치단체의 시설물이 문제가 있으면 법에 따라 마땅히 배상해야 합니다.

1. 「국가배상법」에 따르면 도로나 공공시설 관리에 문제가 있어서 손해가 생기면 그 손해를 배상해야 한다고 되어 있습니다.
2. 이번에 시에서 맨홀공사를 진행하면서 아무런 안전장치(펜스)나 안전관리감독자를 두지 않은 것은 명백히 문제가 있습니다. 따라서 손해배상을 청구합니다.
3. 법무부 및 지구심의회는 배상신청사건을 현명하게 심의해 주시기 바랍니다.

피신청인의 대표자 시장: 길을 걸을 때 항상 조심해야 되는 거 모르나요? 저희는 맨홀 공사를 하기 위해 준비 작업을 하던 중이었다고요.

배상 의무가 없습니다
(시청 변호사)

배상심의회 위원장님.
공공시설의 문제점을 개선하기 위해서 저희도 노력 중입니다. 불미스러운 사고에 대하여 사과를 드립니다.

1. 이번 사건은 시에서 맨홀공사를 막 시작하다가 벌어진 일입니다. 미처 안전 펜스를 세우기 전에 사건이 벌어졌습니다.
2. 시에 배상책임이 생긴다고 해도, 주의하지 않고 길을 걸은 신청인의 잘못도 있으므로 상당부분 감액(과실상계)을 해주시기 바랍니다.

2 배심원의 판단

나는 시가 (배상의무가 있다, 배상의무가 없다)라고 생각합니다. 왜냐하면

3. 배상심의회의 결정

신청인 시연이와 피신청인 시(대표자 시장)의 주장, 신청인이 길을 가다가 맨홀이 뚫려 있어 결국 거기에 빠졌고 그로 인해 전치 3주의 부상을 입었다는 사건경위서, 시연이에 대한 진단서, 맨홀 작업을 지시한 시장의 공문결재서류 등의 증거를 종합하면, 피신청인은 맨홀 작업을 하면서 아무런 보호장치나 관리자 없이 작업을 진행하였고 그러던 중 신청인이 길을 가다가 맨홀에 빠져 크게 다쳤다는 사실을 인정할 수 있다.

나라나 지방자치단체(도, 시, 구 등)도 국민에게 잘못이 있는 경우에는 그 책임을 부담하는 것이 마땅하고, 특히 자신들이 관리하는 공공시설을 제대로 관리하지 못한 상태에서 손해를 입게 하면 「국가배상법」 제5조 영조물관리 하자에 따른 배상책임이 문제 된다. 이번 사건에서 피신청인은 맨홀 작업을 하면서도 안전 펜스나 안전관리요원을 두지 않고 공사를 시작했고 어린아이인 신청인이 부주의로 빠지게 된 점이 인정된다. 따라서 도로의 관리를 제대로 하지 못한 피신청인은 신청인에게 치료비, 위자료, 기타 손해배상금을 지급하는 것이 마땅하다. 피신청인은 신청인의 과실을 주장하여 손해배상금을 줄이려고 하나, 신청인은 어린 아이로서 어른과 달리 도로 보행에 높은 기대를 하기 어렵고 오히려 피신청인이 학교 주변 공사에서 자발적으로 안전장치를 하지 않은 잘못이 크기에 감액(과실상계)은 허용하지 않는다.

따라서 피신청인은 신청인에게 국가배상금으로 치료비, 위자료, 기타 손해금을 합한 5백만 원을 지급하여야 한다. 만약 신청인이 이 결정에 불복하는 경우 본부심의회에 재심을 신청하거나 따로 법원에 소송을 제기할 수 있다.

국가배상책임
국가나 지방자치단체의 공무원이 고의나 과실로 법을 위반해서 다른 사람에게 손해를 끼치면 성립하는 불법행위책임이랍니다. 이번 사건처럼 배상신청도 가능하고 법원에 배상소송도 가능해요.

영조물의 설치·관리 하자 책임
도로나 다리 같은 공공시설(영조물) 때문에 피해를 당하면 피해자는 나라나 지방자치단체에 책임을 요구할 수 있어요. 그것이 「국가배상법」에 나오는 영조물 책임이랍니다.

관련 법률

「국가배상법」

제5조 (공공시설 등의 하자로 인한 책임) ① 도로·하천, 그 밖의 공공의 영조물(營造物)의 설치나 관리에 하자(瑕疵)가 있기 때문에 타인에게 손해를 발생하게 하였을 때에는 국가나 지방자치단체는 그 손해를 배상하여야 한다.

제10조 (배상심의회) ① 국가나 지방자치단체에 대한 배상신청사건을 심의하기 위하여 법무부에 본부심의회를 둔다. 다만, 군인이나 군무원이 타인에게 입힌 손해에 대한 배상신청사건을 심의하기 위하여 국방부에 특별심의회를 둔다.

제12조 (배상신청) ① 이 법에 따라 배상금을 지급받으려는 자는 그 주소지·소재지 또는 배상원인 발생지를 관할하는 지구심의회에 배상신청을 하여야 한다.

제13조 (심의와 결정) ① 지구심의회는 배상신청을 받으면 지체 없이 증인신문(證人訊問)·감정(鑑定)·검증(檢證) 등 증거조사를 한 후 그 심의를 거쳐 4주일 이내에 배상금 지급결정, 기각결정 또는 각하결정(이하 "배상결정"이라 한다)을 하여야 한다.
⑤ 심의회는 제3조와 제3조의2의 기준에 따라 배상금 지급을 심의·결정하여야 한다.

사건번호 2014다345

일상생활

사라진 시연이의 신발

식당에서 없어진 시연이의 신발은 누가 책임져야 할까?

지금부터 사건번호 2014다345의 모의재판을 시작하겠습니다. 시연이는 삼촌에게 선물 받은 새 신발을 신고 순댓국집에 갔다가 신발을 잃어버렸습니다. 순댓국집 주인은 책임이 없다면서 책임을 지지 않으려고 합니다. 이에 시연이는 원고가 되어 순댓국집 주인에게 「상법」에 따른 손해배상책임을 묻고 있습니다. 배심원 여러분은 이 경우 어떠한 판결을 내리시겠습니까? 그러면 사건번호 2014다345의 올바른 판결을 위해 사건의 내용을 알아보도록 하겠습니다.

"이런, 시연이 신발이 많이 낡았네. 삼촌이 신발 사줄까?"

삼촌은 지난 내 생일에 선물을 못 했던 것이 내내 마음에 걸렸던 모양이었어요. 며칠간 아르바이트를 하고 돌아온 삼촌은 신발장에 놓인 내 신발을 보고 말했어요. 하지만 삼촌의 형편을 뻔히 아는 나는 선뜻 대답하지 못했지요.

"아직 신을만해. 그리고 삼촌 돈 없잖아."

"너 삼촌 무시하니? 삼촌 돈 많다."

삼촌은 지갑까지 열어 보였어요. 그런 삼촌의 호의를 더는 거절할 수 없었지요.

"그렇다면 더는 거부하지 않겠어."

"좋았어. 삼촌하고 나가서 신발도 사고 맛있는 것도 먹고 오자."

"우와. 삼촌 최고!"

나는 채비를 하고 삼촌을 따라나섰어요. 그리고 마트에서 신발을 고르는데, 삼촌은 신발에 붙은 가격표를 보고 내내 투덜댔어요.

"뭔 신발이 이리도 비싸다니."

그런 삼촌을 위해 가장 저렴한 걸 골랐더니, 삼촌은 또 딴소리를 했어요.

"더 좋은 걸 사지 그랬니?"

그러면서 삼촌은 혹시나 내 마음이 변할까 봐, 얼른 신발값을 계산했어요. 하여간 삼촌은 못 말려요.

"자. 이제 맛있는 거 먹으러 갈까?"

"응. 얼른 가자. 나 배고파."

삼촌이 데려간 곳은 순댓국집이었어요. 맛있는 거라고 해서 돈가스나 스파게티를 기대했는데 말이에요.

"치, 순댓국이 뭐가 맛있다고."

"모르는 소리. 이래 봬도 여기가 텔레비전에도 나온 맛집이라 이 말씀이야."

삼촌 말대로 가게 입구는 손님들의 신발로 발 디딜 틈이 없을 정도였어요. 누가 신발을 가져가도 모를 정도였지요. 그래서 혹시나 누가 새 신발을 가져갈까, 신발을 신발장 구석에 잘 놓았어요. 그 모습을 보고 삼촌은 빙그레 웃었지요.

자리를 잡고 앉자, 잠시 후 순댓국이 나왔어요. 맛도 맛이지만, 어지간히 허기가 졌던 모양인지, 그 큰 순댓국을 말끔히 비웠지요.

"삼촌, 오늘 정말 최고였어."

"아하하. 삼촌이 나중에 취직하면 더 맛있는 거 사줄게."

"아. 그런 날이 올까나."

"요 녀석이, 삼촌 놀리는 재미로 살지. 자, 이제 일어나자."

"네."

삼촌이 계산하는 동안, 나는 신발을 신기 위해 현관 앞으로 갔어요. 그런데 눈을 씻고 봐도 신발이 보이지 않는 것이었어요. 그러는 동안, 계산을 마치고 삼촌도 현관 앞으로 나왔어요.

"무슨 일이니?"

"신발이 보이지 않아."

"뭐? 아까 잘 두었잖아."

"그런데 없어. 안 보인단 말이야."

"뭐?"

삼촌도 나서서 찾아보았지만, 신발은 도통 보이지 않았어요. 아무래도 누군가 신발을 가져간 모양이었어요. 삼촌은 더 이상 안 되겠다고 생각하고, 가게 주인에게 신발이 없어진 걸 말했어요. 그런데 가게

주인은 나 몰라라 하는 것이었어요.

"그러게 신발을 잘 챙기셨어야지요."

"그게 무슨 말씀이세요. 신발이 없어져도 가게에서는 책임이 없다는 말씀이세요?"

"물론이죠. 내가 이 많은 신발 주인을 어떻게 다 기억하고 챙깁니까? 더구나 여기 이렇게 경고문도 붙여 놨잖아요."

정말로 신발장 옆에는 "신발 분실 시 책임지지 않음"이라는 문구가 붙어 있었어요. 그런데 경고문 옆에는 '감시용 카메라 작동 중'이란 문구도 있었어요.

"그럼 감시 카메라 영상이라도 봅시다. 그걸 보면 누가 신발을 가져갔는지 알 수 있잖아요."

"그건 그냥 가짜예요. 감시용 카메라가 있으면 함부로 신발을 가져가지 못할 테니까요."

"뭐……뭐라고요?"

아무래도 신발을 찾을 수는 없을 것 같았어요. 삼촌이 어떻게 사준 신발인데, 억울하고 분해서 눈가에 눈물이 핑 돌았어요.

순댓국집 주인은 배상책임이 있을까?

지금부터 사건번호 2014다345, 순댓국집에서 신발을 잃어버린 시연이가 주인에게 배상책임을 묻는 소송에 대한 판결을 내리겠습니다.

1 참가자의 한마디 & 최후 진술

원고 시연이: 순댓국집 신발장에 넣은 새 신발이 없어졌어요. 여기 온 손님이 가져갔을 수도 있으니 주인이 책임지세요.

배상해야 합니다
(원고 변호사)

존경하는 재판장님.
식당, 목욕탕 등 사람이 많이 드나드는 곳을 운영하는 사람은 분실사고를 예방해야 합니다.

1. 식당 주인은 「상법」에 따라 공중접객업자입니다. 허술한 신발장을 만들어 놓고 감시나 관리를 하지 못한 피고는 「상법」의 배상책임을 부담해야 합니다.
2. 이번 사건에서 "책임이 없습니다."라는 문구는 법에 위반되는 내용이므로 전혀 효력이 없습니다.

피고 순댓국집 주인: 저는 이미 "신발 분실 시 책임지지 않음"이라고 써 놓았습니다. 신발은 신발 주인이 챙기는 게 맞지 식당은 전혀 책임이 없습니다.

배상 의무가 없습니다
(피고 변호사)

존경하는 재판장님.
피고도 누가 범인인지 모릅니다. 그런데 어떻게 책임을 질 수 있습니까?

1. 피고가 운영하는 식당에서 사건이 일어났지만, 피고가 훔쳐간 것도 아닌데 왜 책임을 져야 합니까?
2. 피고는 이미 "책임지지 않는다."라는 주의 문구를 통해 손님들에게 알렸습니다. 신발은 신발 주인인 원고가 알아서 지켜야 하는 겁니다.

2 배심원의 판단

나는 순댓국집 주인이 (배상의무가 있다, 배상의무가 없다)라고 생각합니다.

왜냐하면 _____

3 현명한 판사의 판결

원고 시연이와 피고 순댓국집 주인의 주장, 원고가 식당에 설치된 신발장에 신발을 두었으나 누군가 그 신발을 훔쳐갔다는 경찰의 사실확인서, 식당의 신발장은 관리하는 사람이 따로 없이 외부에 설치되어 있고 감시용 카메라도 제대로 작동하지 않았다는 식당 손님들의 사실확인서 등의 증거를 종합하면, 새 신발을 산 원고가 피고의 식당을 찾았다가 신발장에 신발을 두었는데 누군가가 이를 훔쳐간 사실을 인정할 수 있다. 또한, 피고가 신발장을 외부에 두고 손님들이 아무데나 신발을 놓게 하여 손님들의 물건을 함부로 관리한 사실 또한 인정할 수 있다.

「상법」에 따르면 공중접객업을 하는 상인은 자신의 영업장에서 분실이나 훼손사고가 나지 않도록 주의해야 하고 만약 그런 사건이 생기면 법적 책임을 부담해야 한다. 특히 "법적 책임 없음"이라고 써놓았다고 해도 법적 손해배상책임을 부담할 수 있다는 것이 법 규정과 대법원 판례의 입장이다. 이번 사건에서 원고는 새 신발을 피고 식당의 신발장에 두었는데 식당에는 신발을 관리하는 사람이 없었고 감시용 카메라가 작동하지 않아서 결국 신발을 분실하였다. 이에 피고는 분실에 대한 책임이 전혀 없다고 하나, 손님 신발을 허술하게 관리해 온 것으로도 그 과실이 분명하다.

따라서 피고는 원고에게 「상법」 제152조제2항에 따라 배상책임을 부담하므로 원고의 신발 값 10만 원을 배상하여야 한다. 앞으로 피고는 "신발 분실 시 주인은 책임을 지지 않습니다."라는 문구를 떼고 "감시용 카메라가 있으며 신발은 저희가 직접 관리합니다. 다만, 비싼 신발은 직접 가격을 말씀하시고 따로 직원에게 맡기세요."라고 붙이면 법리에 합당하다고 본다.

공중접객업
극장, 여관, 음식점, 목욕탕 등을 운영하는 상업을 공중접객업이라고 불러요.

공중접객업자의 책임
공중접객업자는 자기의 영업장 내에서 허술한 시설관리로 일어난 분실사고나 손상(훼손)사고에 대해 책임을 져야 합니다. "책임이 없다."라고 표시해도 책임을 지죠. 그런데 만약 고가의 제품이라면 손님이 꼭 가격을 얘기하고 직접 맡겨야 책임을 물을 수 있어요.

원고 승소

「상법」
제151조(의의) 극장, 여관, 음식점, 그 밖의 공중이 이용하는 시설에 의한 거래를 영업으로 하는 자를 공중접객업자(公衆接客業者)라 한다.
제152조(공중접객업자의 책임) ② 공중접객업자는 고객으로부터 임차받지 아니한 경우에도 그 시설 내에 휴대한 물건이 자기 또는 그 사용인의 과실로 인하여 멸실 또는 훼손되었을 때에는 그 손해를 배상할 책임이 있다.
③ 고객의 휴대물에 대하여 책임이 없음을 알린 경우에도 공중접객업자는 제1항과 제2항의 책임을 면하지 못한다.
제153조(고가물에 대한 책임) 화폐, 유가증권, 그 밖의 고가물(高價物)에 대하여는 고객이 그 종류와 가액(價額)을 명시하여 임치하지 아니하면 공중접객업자는 그 물건의 멸실 또는 훼손으로 인한 손해를 배상할 책임이 없다.

사건번호 2014도346

일상생활

어린이 보호 구역에서 과속이 부른 비극

어린이 보호 구역에서 아이를 다치게 하고 도망간 아저씨는 죄가 있을까?

지금부터 사건번호 2014도346의 모의재판을 시작하겠습니다. 종종 일어나는 일이지만 정말 위험한 사건이 일어났네요. 어린이 보호 구역에서 교통사고를 낸 사람이 없는 번호를 남기고 사라졌습니다. 이에 검사는 교통사고에 대해 「교통사고처리특례법」위반죄, 뺑소니에 대해 「특정범죄가중처벌 등에 관한 법률」위반죄로 기소했습니다. 배심원 여러분은 이 경우 어떠한 판결을 내리시겠습니까? 그러면 사건번호 2014도346의 올바른 판결을 위해 사건의 내용을 알아보도록 하겠습니다.

"삼촌. 제발 좀 나와라. 나 학교 늦었단 말이야."

"기다려봐. 삼촌이 좀 급해."

나는 속이 바짝 타들어 갔어요. 가뜩이나 늦잠을 자 버렸는데, 삼촌이 화장실을 차지하고 나오지 않았기 때문이에요.

"아. 시원하다."

삼촌은 한참 뒤에 나와서는 무척이나 만족스러운 표정을 지었어요. 그 모습을 보고 난 속에서 열불이 났지요.

"몰라. 망했어. 삼촌 때문에 지각하게 생겼잖아."

"미안. 대신 삼촌이 차로 학교까지 데려다 주면 되잖니."

"우와, 정말."

급한 마음에 망설일 새도 없이 삼촌의 차에 올라탔어요. 그런데 얼마 안 가, 삼촌의 차를 탄 걸 후회하게 되었어요.

"삼촌, 지금 이 차, 가는 거 맞아?"

"물론이지."

"다른 차들이 다 우리 차를 앞질러 가고 있잖아."

삼촌의 차는 굴러가는 게 신기할 정도로 고물차였어요. 그런데 차도 차지만, 삼촌의 운전 실력은 아주 형편이 없었어요. 뻥 뚫린 도로인데도, 삼촌의 차만은 천천히 굴러갔어요.

"삼촌. 나 이러다가 늦겠어."

"걱정하지 마. 삼촌이 늦지 않게 데려다 줄 테니까."

나는 속이 타들어 가는데, 삼촌은 마냥 태평하기만 했어요.

드디어 저 멀리, 학교가 보이기 시작했어요. 조금만 더 빨리 달려준다면, 지각을 면할 수 있을 것도 같았어요. 그런데 삼촌은 도리어 속도를 줄이는 것이었어요.

"삼촌 왜 그래? 정말 일부러 그러지?"

"여긴 아이들이 많이 다니는 학교 근처잖아. 조심해서 운전하지 않으면 안 된다고."

"참나. 아이들은커녕 개 한 마리도 안 보이잖아. 다들 벌써 학교에 갔을 거라고."

정말이지 약이 바짝 올랐어요. 그런데 약이 오르긴 뒤에서 따라오던 차도 마찬가지인 모양이었어요. 검은색 승용차는 뒤에서 경적을 빵빵

울려대더니, 결국엔 삼촌의 차를 추월해 앞질러 나갔어요. 삼촌은 그걸 보고 오히려 혀를 찼지요.

"뭐가 급하다고, 저리 달리나. 위험하게시리."

마침, 앞 신호등이 주황색으로 변했어요. 우리를 앞질러간 검은색 승용차는 신호에 걸리지 않으려는 듯, 좀 더 속도를 냈어요. 그런데 그때였어요.

"위……위험해."

난데없이 꼬마 한 명이 도로로 튀어나왔어요. 그리고 속도를 내던 검은색 승용차는 미처 피하지 못하고 꼬마를 치고 말았어요.

삼촌은 급히 차를 옆으로 대고, 쓰러진 꼬마에게로 달려갔어요.

"괜찮니? 꼬마야?"

꼬마는 일어서기는 했지만 절뚝거렸어요. 그걸 보고 검은 차에서 내린 아저씨는 버럭 화부터 냈어요.

"꼬마야. 그렇게 갑자기 뛰어나오면 어떡하니. 누구 신세 망치려고."

가뜩이나 놀란 꼬마는 잔뜩 겁을 먹고 울음보를 터트리고 말았어요. 모

습을 보고 삼촌은 참지 못하고 말했어요.

"왜 애한테 소리를 지르세요? 아저씨가 먼저 조심하셨어야지요."

"어라. 당신도 봤을 거 아냐. 이 아이가 갑자기 튀어나오는 걸."

"아저씨가 과속을 하지 않았다면 충분히 피할 수 있었어요."

"뭐라? 고작 50킬로로 달렸구먼. 무슨 과속이야."

"여긴 어린이 보호 구역이라고요. 시속 30킬로 이하로 조심하며 달렸어야죠."

"나 참. 도통 내가 무슨 잘못을 했는지 모르겠네. 아무튼 난 바빠서 가봐야 하니까, 애에게 무슨 일이 있으면 여기로 연락하쇼."

아저씨는 삼촌에게 휴대폰 번호를 적은 쪽지 한 장만을 남기곤 차를 몰고 가버렸어요. 그걸 보고 삼촌은 도저히 안 되겠는지 말했어요.

"아무래도 내가 이 아이를 병원에 데려가야 할 거 같구나."

그런데, 이상한 일이 벌어졌어요. 삼촌이 병원에 가서 아이를 치료하고 그 아저씨 휴대폰으로 전화를 하니 "없는 번호입니다."라고 나오는 것이었어요. 삼촌과 나는 정말 놀랐답니다.

교통사고를 낸 아저씨는 죄가 있을까?

지금부터 사건번호 2014도346, 어린이 보호 구역에서 아이를 다치게 하고 도망간 아저씨에 대한 판결을 내리겠습니다.

1 참가자의 한마디 & 최후 진술

피해자 꼬마: 흑흑, 저는 다리에 금이 가고 아픈데 어떻게 저를 길에 버리고 갈 수 있나요?

유죄입니다 (검사)

존경하는 재판장님.
어린이 교통사고는 어린이의 생명을 위협하는 무서운 범죄입니다. 지금도 수많은 어린이가 교통사고로 소중한 생명을 잃고 있습니다.

1. 교통사고가 나면 무조건 보험처리로 끝나는 것이 아닙니다. 「교통사고처리 특례법」을 위반하면(음주운전, 신호위반, 어린이 보호 구역 보호의무위반 등) 따로 형사처벌을 받게 됩니다.
2. 교통사고 후 아이를 병원에 데려가지 않고 허위의 연락처를 남기고 떠났다면 사고 후 도주죄(뺑소니범죄)가 됩니다.

피고인 아저씨: 많이 다치지 않은 줄 알고 전화번호를 남기고 간거지. 그리고 나중에 보험 처리 하려고 했어.

무죄입니다 (변호사)

존경하는 재판장님.
피고인은 피해자가 심하게 다치지 않은 것 같아서 그런 것입니다. 배상은 해드리겠습니다.

1. 어린이 보호 구역이라고 하지만 피해자가 갑자기 도로로 뛰어들어서 사고가 나게 된 것입니다. 피고인은 잘못이 없습니다.
2. 검사는 뺑소니라고 주장하지만, 피고인은 정당하게 신분을 밝히고 전화번호를 주고 떠났습니다.
3. 만약에 죄가 된다고 해도 바빠서 그랬으니 감경해주세요.

2 배심원의 판단

나는 교통사고를 낸 아저씨가 (무죄, 유죄)라고 생각합니다. 왜냐하면 _____

3 현명한 판사의 판결

교통사고 범죄
교통사고는 「형법」의 업무상 과실치상죄로 보아 「교통사고처리 특례법」에서 처벌되지요. 다만, 종합보험에 들게 되면 처벌을 하지 않아요. 그런데 음주운전, 과속, 어린이보호구역위반 등 11개 항목이라는 범법행위가 있으면 보험에 들어도 처벌을 한답니다.

뺑소니 범죄
'도주 운전죄', '사고 후 도주'라고 불리는 범죄예요. 만약 사람이 다쳤는데 도주하는 경우면 「특정범죄가중처벌법」에 따라서 엄하게 처벌하고 있죠.

피고인 아저씨의 말, 피해자 꼬마의 증언, 피고인이 어린이보호구역의 시속 30킬로미터 구역에서 50킬로미터로 운전하다가 어린이 보호 구역에서 꼬마의 교통사고를 목격한 삼촌의 증언, 꼬마가 교통사고로 입원하여 전치 4주 진단을 받았다는 전문의의 진단서, 사고 이후 전화 번호를 남기고 떠난 피고인에게 아무런 연락이 닿지 않았다는 경찰관의 조사서 등의 증거를 종합하면, 피고인은 어린이 보호 구역에서 안전운전을 하지 않고 과속운전을 하여 꼬마를 다치게 하고도 현장에서 사라진 사실을 인정할 수 있다.

자동차를 운전하여 사용하는 것은 생활을 편리하게 하지만, 길을 걷는 사람에게는 위험이 될 수도 있다. 특히 과속, 음주운전, 어린이보호 구역에서 난폭운전을 하는 경우에는 더더욱 범죄의 소지가 크다. 이번 사건에서 피고인은 어린이 보호 구역에서 규정 속도를 지키지 않고 오히려 과속하여 교통사고를 일으켰으므로 이는 단순히 보험처리로 끝날 것이 아니라 「교통사고처리 특례법」으로 처벌되는 것이다. 또한 피고인은 다친 아이를 병원에 데려가지 않고 연락이 되지 않는 전화 번호를 남기고 현장을 피한 것으로 보이는데, 이것은 대법원 판례에 따라 「특정범죄가중처벌법」의 도주운전죄가 된다고 보인다.

따라서 피고인에게는 「교통사고처리특례법」 제3조제1항, 「특정범죄가중처벌 등에 관한 법률」 제5조의3제1항제2호에 따른 범죄가 성립하며, 피고인을 징역 2년과 벌금 2천만 원에 처한다.

관련 법률

「교통사고처리 특례법」
제3조(처벌의 특례) ① 차의 운전자가 교통사고로 인하여 「형법」 제268조의 죄를 범한 경우에는 5년 이하의 금고 또는 2천만 원 이하의 벌금에 처한다.
② 차의 교통으로 제1항의 죄 중 업무상과실치상죄(業務上過失致傷罪) 또는 중과실치상죄(重過失致傷罪)와 「도로교통법」 제151조의 죄를 범한 운전자에 대하여는 피해자의 명시적인 의사에 반하여 공소(公訴)를 제기할 수 없다. 다만, 차의 운전자가 다음 각 호의 어느 하나에 해당하는 행위로 인하여 같은 죄를 범한 경우에는 그러하지 아니하다.
3. 「도로교통법」 제17조제1항 또는 제2항에 따른 제한속도를 시속 20킬로미터 초과하여 운전한 경우
11. 「도로교통법」 제12조제3항에 따른 어린이 보호구역에서 같은 조 제1항에 따른 조치를 준수하고 어린이의 안전에 유의하면서 운전하여야 할 의무를 위반하여 어린이의 신체를 상해(傷害)에 이르게 한 경우

「특정범죄 가중처벌 등에 관련 법률」
제5조의3(도주차량 운전자의 가중처벌) ① 「도로교통법」 제2조에 규정된 자동차·원동기장치자전거의 교통으로 인하여 「형법」 제268조의 죄를 범한 해당 차량의 운전자가 피해자를 구호(救護)하는 등 「도로교통법」 제54조제1항에 따른 조치를 하지 아니하고 도주한 경우에는 다음 각 호의 구분에 따라 가중처벌한다.
2. 피해자를 상해에 이르게 한 경우에는 1년 이상의 유기징역 또는 5백만 원 이상 3천만 원 이하의 벌금에 처한다.

사건번호 2014도347

일상생활

명수 아버지의 어긋난 사랑

명수를 심하게 때린 명수 아버지는 죄가 있을까?

지금부터 사건번호 2014도347의 모의재판을 시작하겠습니다. 지금은 학교에서나 가정에서의 체벌이 점차 줄어들고 있습니다. 그런데 여기 등장하는 명수의 아버지는 명수를 심하게 체벌했네요. 이에 검사는 명수 아버지를 「폭력행위 등 처벌에 관한 법률」의 상습폭행죄와 「형법」의 폭행죄(예비적)로 기소했습니다. 배심원 여러분은 이 경우 어떠한 판결을 내리시겠습니까? 그러면 사건번호 2014도347의 올바른 판결을 위해 사건의 내용을 알아보도록 하겠습니다.

청소당번이라 제일 마지막으로 교실을 나서는데, 명수의 휴대 전화가 책상 위에 덩그러니 놓여 있는 것이었어요.

'칠칠하지 못하게 휴대 전화를 놓고 간 모양이네.'

마침 명수네 가게는 집에 가는 길에 있었어요. 가는 길에 명수에게 휴대 전화를 전해줄 요량으로 휴대 전화를 챙겨 교실을 나왔어요.

"아까는 왜 그렇게 전화를 안 받았니? 얼마나 걱정했는지 모른단다."

"죄송해요. 전화기를 진동으로 해놔서 미처 듣지 못했어요."

"앞으로는 수시로 전화기를 확인하도록 해라."

"네."

다행히 가게 안에서 명수와 명수 아버지의 목소리가 들려왔어요. 명수가 집에 없으면 어쩌나 내심 걱정을 했거든요.

"안녕하세요. 명수와 같은 반 친구인 장시연이라고 합니다."

"오. 그래? 무슨 일로 왔니?"

"명수가 휴대 전화를 교실에 놓고 가서 이렇게 가져왔어요."

"뭐? 그렇다면 전화를 못 받은 게 진동으로 해놔서가 아니라 전화기를 학교에 놓고 와서 그랬던 거냐?"

그 순간, 심상치 않은 분위기가 감지되었어요. 명수의 아버지 얼굴은 붉으락푸르락 변했고, 명수는 몸을 부들부들 떨었어요. 멋쩍어진 난 가게에서 얼른 나왔지요. 그리고 잠시 후, 가게 안에서는 명수의 아버지가 명수를 꾸짖는 소리가 들려왔어요.

"이 녀석. 또 거짓말을 한 것이냐?"

"죄……죄송해요. 전화기를 잃어버렸다고 하면 혼이 날 것 같아서 그랬어요."

혼날 걸 뻔히 알면서 왜 그런 거짓말을 했는지, 명수가 혼이 나는 것은 당연하다고 생각했어요. 그런데 명수의 아버지는 말로만 명수를 혼내지 않았어요.

"전화기를 잃어버린 것보다 거짓말을 하는 게 더 나쁜 거야. 그렇게 거짓말을 하지 말라고 일렀거늘. 아무래도 안 되겠다. 회초리를 좀 맞아야겠어."

"아버지. 죄송해요. 용서해 주세요."

"허허. 얼른 종아리 걷지 못할까."

"아……아버지 제발."

얼마나 세게 때렸는지 회초리 때리는 소리가 밖에서도 들릴 정도였어요. 그리고 명수는 아픔을 참지 못하고 엉엉 울음보를 터트리고 말았어요.

'어쩜 좋아. 이럴 줄 알았으면 몰래 휴대 전화를 전해줄 걸 그랬나?'

공연히 나 때문에 명수가 혼이 나는 것 같아 너무나 미안했어요. 그리고 누가 와서 명수 아버지를 좀 말려주었으면 좋겠다고 생각했어요. 그런데 마침 가게 앞을 지나던 이웃집 아주머니 한 분이 도저히 안 되겠다는 듯, 명수 아버지에게 한 마디 했어요.

"이봐요. 김씨. 애 좀 그만 잡아요. 말로 하면 좋잖아요."

"말로 해서 들을 애 같으면 매를 들지도 않았어요. 이게 다 이

녀석 잘되라고 그러는 거예요."
"아무리 그래도 때리는 건 너무 지나쳐요. 아무리 사랑의 매라지만, 지나치면 가정폭력이라고요."
"거참. 애비가 자식 교육시키는 것이 어찌 폭력이란 말씀입니까? 공연히 남의 가정 일에 참견하지 말고, 아줌마는 가던 길이나 가세요."

명수 아버지는 아주머니의 말에도 아랑곳하지 않았어요. 그리고 화를 참지 못하고 다시 회초리를 집어 들었어요. 그 모습을 보고 명수는 기겁을 하며 말했어요.

"제가 자꾸 거짓말을 하는 건, 아버지가 때리는 매가 무서웠기 때문이에요. 아버지가 매를 들지 않는다면 저도 거짓말 안 했다고요."
"뭐……뭐야? 지금 아빠한테 반항하는 거니? 네가 좀 더 맞아봐야겠구나."
"싫어요. 더 이상 맞기 싫단 말이에요."

명수는 가게 문을 박차고 나가버렸어요. 그런 명수를 보며 명수 아버지는 분통을 터트렸어요.

"버르장머리 없는 녀석 같으니라고. 저러니 내가 매를 안 들게 생겼어."

명수 아버지는 좀처럼 분을 참지 못하고 회초리를 허공에 마구 휘둘렀어요. 명수가 다시 집으로 돌아오면 또 회초리를 맞게 될 텐데, 정말 걱정이었어요.

명수 아버지는 죄가 있을까?

지금부터 사건번호 2014도347, 명수를 상습적으로 폭행한 명수 아버지에 대한 판결을 내리겠습니다.

1 참가자의 한마디 & 최후 진술

피해자 명수: 아버지가 저를 심하게 때려서 너무 아팠어요. 아버지가 더는 그러지 않았으면 좋겠어요.

유죄입니다 (검사)

존경하는 재판장님.
가정폭력은 사라져야 할 악습이고 우리나라도 「가정폭력방지법」을 시행하고 있습니다.

① 피고인의 행위는 단순히 친권자(부모)로서의 징계가 아니라 상습적인 폭력입니다. 엄하게 처벌해야 합니다.

② 잘못이 있다고 때리는 것은 비이성적인 행동으로 「형법」 또는 「폭력행위처벌법」에 따른 상습폭행 또는 「형법」에 따른 폭행의 범죄입니다.

피고인 명수 아버지: 아이를 잘 교육하는 방법이라고 생각했는데, 저의 행동이 아이에게 상처가 되었다니, 명수에게 정말 미안하네요.

무죄입니다 (변호사)

존경하는 재판장님.
부모로서 어떻게 감정적으로 자식을 때리겠습니까? 명수를 위해 그런 것이었어요. 잘못을 인정하고 있으니 용서해 주세요.

① 「민법」에 따르면 친권자(부모)는 자녀를 양육하면서 마땅히 훈계하고 징계할 수 있습니다.

② 이번 사건은 몇 번의 폭행일뿐 상습적이라고 볼 수 없으므로 「폭력행위처벌법」의 상습폭행죄가 되지 않습니다.

2 배심원의 판단

나는 명수 아버지가 (무죄, 유죄) 라고 생각합니다. 왜냐하면 _____

3 현명한 판사의 판결

폭행죄
사람에게 물리적인 힘을 가하는 범죄랍니다. 사람이 다치게 되면 상해죄가 돼요. 집단으로 폭력행위를 하거나 상습적으로 폭력을 일삼으면 「폭력행위 등 처벌에 관한 법률」에 따라 가중처벌 된답니다.

상습범죄
상습성이라는 범죄습관을 가진 범죄로서 가중처벌한답니다. 한 두 번으로 되는 건 아니에요. 상습성이 있어야 하는 거죠.

　　피고인 명수 아버지의 말, 피해자 명수의 증언, 최근에 명수가 몇 번 거짓말을 해서 크게 혼이 나고 회초리로 맞았다는 이웃주민들의 사실확인서, 가정폭력사건 신고를 접수하고 현장에 와서 명수 아버지를 말리고 따로 격리했다는 경찰공무원의 사건조사서 등의 증거를 종합하면, 최근에 명수가 여러 번의 거짓말을 하자 피고인은 회초리로 명수를 때렸고 경찰이 출동하여 본 사건에 이르게 된 사실을 인정할 수 있다.

　　사람의 신체는 생명만큼이나 소중한 것이며 함부로 이를 훼손 하는 행동은 절대 금지된다. 특히 학교폭력, 가정폭력이 점점 사회문제가 되면서 「학교폭력예방법」, 「가정폭력방지법」이 마련되었다. 이번 사건을 보면 피고인은 옛날 관습에서 벗어나지 못하고 혼을 낸다는 생각으로 「민법」에 따라 징계하였다고 하지만 그 정도가 지나쳤다는 판단이 든다. 특히 여러 차례 회초리로 아이를 때려서 이웃주민과 경찰이 출동하는 등의 소동이 벌어졌다면 단순히 가정문제가 아니라 범죄행위가 될 수 있다. 검사는 피고인을 상습범죄자로 판단하고 있으나, 사건 전반을 보아도 상습성을 인정하기는 어렵다. 이번 사건에서 피고인은 피해자에게 상습적이지는 않지만 분명히 여러 번 폭행을 가하여 피해자가 정신적인 공포심까지 생겼으므로, 법에 따른 처벌을 통해 피고인의 행동을 멈추어야 필요가 있다. 앞으로 이번 사건을 계기로 피고인은 친권자로서 적절한 방법으로 명수의 행동을 훈계해야 한다.

　　따라서 피고인에게 공소제기된 「폭력행위처벌법」의 상습폭행죄는 인정되지 않고 「형법」 제260조의 폭행죄가 인정되므로, 피고인을 벌금 1백만원을 선고한다.

관련 법률
「폭력행위 등 처벌에 관한 법률」 제2조 (폭행 등) ① 상습적으로 다음 각 호의 죄를 범한 자는 다음의 구분에 따라 처벌한다.
1. 「형법」 제260조제1항(폭행), 제283조제1항(협박), 제319조(주거침입, 퇴거불응) 또는 제366조(재물손괴 등)의 죄를 범한 자는 1년 이상의 유기징역

「형법」 제260조(폭행) ① 사람의 신체에 대하여 폭행을 가한 자는 2년 이하의 징역, 5백만 원 이하의 벌금, 구류 또는 과료에 처한다

사건번호 2014도348

일상생활

공원에서 일어난 강아지의 습격

목줄도 채우지 않고 강아지를 풀어 놓은 주인은 죄가 있을까?

지금부터 사건번호 2014도348의 모의재판을 시작하겠습니다. 동물은 때론 무척 위험합니다. 그런데 덩치가 큰 개를 목줄도 없이 데리고 다니다가 사람을 다치게 하는 일이 일어났습니다. 이에 검사는 목줄을 채우지 않은 강아지 주인을 과실치상죄로 기소했습니다. 배심원 여러분은 이 경우 어떠한 판결을 내리시겠습니까? 그러면 사건번호 2014도348의 올바른 판결을 위해 사건의 내용을 알아보도록 하겠습니다.

며칠간 비가 내리더니, 모처럼 날이 개었어요. 비가 온 뒤라 하늘은 맑았고 햇살도 유난히 밝게 빛났지요. 이런 날, 집에만 있기는 너무 아까웠어요. 엄마와 나 그리고 다연이는 가까운 공원에 나들이를 가기로 했어요.

"방울이도 데려가자."

나들이를 간다니까, 다연이는 방울이부터 끌어안았어요. 엄마는 당연히 손사래를 쳤어요.

"공원에 무슨 개를 데려가니? 방울이는 그냥 집에 둬."

"싫어. 싫어. 방울이도 산책하고 싶어 한단 말이야."

다연이는 끝까지 고집을 부렸어요. 나도 말은 안했지만, 내심 방울이를 공원에 데리고 가고 싶었어요. 공원에 갈 때마다 강아지를 데리고 산책하는 사람들이 부러웠거든요. 결국 엄마는 다연이의 고집을 꺾지 못했어요. 다만 조건이 있었지만 말이에요.

"방울이 목에 단단히 목줄을 채우렴. 입마개도 시켜야 해."

"왜? 방울이 답답해한단 말이야."

"그래도 어쩔 수 없어. 다른 사람들에게 피해를 주면 안 되니까."

다연이는 못마땅한 듯, 입을 쭈뼛거렸어요. 하지만 방울이를 공원에 데리고 가려면 엄마의 말을 따를 수밖에 없었어요.

공원에는 우리 말고도 많은 사람들이 나와 여유롭게 산책을 즐기고 있었어요. 우리처럼 강아지를 데리고 온 사람들도 많았고요. 엄마는 곁에 개가 지나갈 때마다 몸을 움찔거렸어요. 방울이를 키우면서 많이 개와 친해졌다고 생각했는데, 엄마는 여전히 개를 무서워하는 모양이었어요.

"엄마는 순 겁쟁이."

걸으면서 내내 다연이는 엄마를 놀려댔어요. 그런데 그때, 덩치가 큰 밤색 강아지 한 마리가 목줄도 없이 어슬렁거리는 것이 보였어요. 엄마는 아주 기겁을 했지요.

"세상에. 이 일을 어째."

엄마는 행여 강아지가 다가올까 안절부절못했어요. 다연이는 그런 엄마 보란 듯이, 밤색 강아지에게로 달려갔어요.

"아이. 귀여워. 이렇게 예쁜 강아지가 뭐가 무섭다고 그래."

다연이는 밤색 강아지의 머리를 쓰다듬었어요. 그런데 그때,

방울이가 뭔가 심상치 않은 분위기를 느꼈는지 으르렁대기 시작했어요. 그리고 아니나 다를까, 미처 손쓸 틈도 없이 밤색 강아지가 다연이의 손등을 와락 물어 버렸어요.
"우아아앙."
다친 것도 다친 것이지만 크게 놀란 다연이는 서럽게 울어댔어요. 개가 무서워서 뒤에 멀찌감치 있던 엄마는 화들짝 놀라서는 다연이에게 달려갔어요. 그리고 밤색 강아지가 다시 덤벼들지 못하도록 강아지를 밀쳤어요. 그런데 강아지 주인으로 보이는 아줌마가 멀리서 그 모습을 보고는 놀란 표정이 되어 달려왔어요.
"지금 뭐하시는 거예요? 왜 남의 강아지를 때려요."
엄마는 자초지종을 설명하고 다연이가 다친 것도 이야기했어요.

그런데 아줌마는 다연이에게는 눈길조차 주지 않았어요. 도리어 밤색 강아지가 어디 다친 데는 없는지 털까지 헤집으며 살폈어요.

"우리 예쁜 해피. 많이 놀랐지?"

그 모습을 보고 엄마는 황당함을 감추지 못했어요.

"아줌마. 지금 뭐하시는 거예요? 우리 아이가 다친 건 안 보이세요?"

"어머머. 그러게 누가 함부로 만지래요. 그 쪽 아이가 우리 해피를 만지지 않았다면 해피도 물지 않았을 거예요. 우리 해피가 얼마나 착한데요."

"뭐……뭐예요? 그렇다면 개를 함부로 풀어 놓은 것은 아무 잘못도 아니란 말씀이세요?"

엄마는 아줌마에게 따졌어요. 하지만 아줌마는 콧방귀만 뀔 뿐이었어요.

"요 조그만 개가 뭐가 위험하다고 목줄을 묶어요. 목줄을 묶으면 개가 얼마나 불편해 하는데요. 아줌마는 아줌마 목에 누가 목줄을 묶으면 기분 좋겠어요?"

아줌마는 적반하장 격으로 따져 물었어요. 엄마는 말문이 막혀 더 이상 대꾸하지 못했지요.

"으르르, 으르르."

방울이가 또다시 으르렁 대기 시작했어요. 놓아 주면 당장 자기가 대신 복수를 해주겠다는 말을 하는 것 같았어요.

강아지 주인은 죄가 있을까?

지금부터 사건번호 2014도348, 목줄도 채우지 않고 강아지를 풀어 놓은 강아지 주인에 대한 판결을 내리겠습니다.

1 참가자의 한마디 & 최후 진술

피해자 다연이: 강아지가 갑자기 달려들어서 제 손을 물었어요. 저 아줌마는 제 잘못이라고 하는데 전 아무 잘못도 없어요.

유죄입니다 (검사)

존경하는 재판장님.
사람들을 다치게 할 수 있는 동물은 철저하게 관리해야 하는데, 피고인은 이를 소홀히 했으므로 형사책임을 져야 합니다.

① 위험한 강아지를 풀어서 데리고 다니는 것은 그 자체로도 관련법에 따른 과태료 부과 대상일뿐만 아니라, 이번 사건처럼 사람을 다치게 하면 그 강아지 주인이 「형법」상 과실치상죄의 책임을 지게 됩니다.

② 피고인이 전혀 반성하지 않고 있으므로 엄하게 처벌해주시기 바랍니다.

피고인 강아지 주인: 아니, 우리 해피가 무슨 잘못을 했다는 겁니까? 그러니까 왜 남의 개를 만지는 건가요?

무죄입니다 (변호사)

존경하는 재판장님.
이번 사건은 아주 우발적인 것으로서 피고인은 아무런 책임이 없습니다.

① 「형법」은 엄연히 사람 개개인에 대한 행위 책임을 묻는 것입니다. 이번 사건은 강아지가 저지른 일이므로 피고인의 행위로 볼 수 없습니다.

② 강아지를 풀어 놓았다고 과실치상죄로 처벌하는 건 부당하므로, 만약 죄가 되어도 감경해 주세요.

2 배심원의 판단

나는 강아지 주인이 (무죄, 유죄)라고 생각합니다. 왜냐하면 _____

3 현명한 판사의 판결

과실치상죄
실수로 다른 사람을 다치게 한 범죄랍니다. 교통사고로 다른 사람을 다치게 하거나, 의료사고로 환자가 다치게 되면 이 범죄가 문제가 된답니다.

「형법」의 책임원칙
「형법」에서 범죄는 법에 따라 구성되고(구성요건), 위법하며(위법성요건), 책임질 수 있을 때(책임요건) 성립한답니다. 특히 형사책임이 인정되려면 범죄자 자신의 행위로 볼 수 있어야 하죠. 이것을 행위책임원칙, 자기책임원칙으로 부른답니다.

　피고인 강아지 주인의 말, 피해자 다연이의 증언, 10kg이 넘는 강아지를 목줄 없이 데리고 다니다가 다연이의 손을 물었다는 이웃주민들의 사실확인서, 다연이가 강아지에 물려 2주간 치료를 받아야 하는 열상(찢어짐)을 입었다는 상해진단서 등의 증거를 종합하면, 피고인은 강아지를 목줄 없이 데리고 다니다가 그 강아지가 다연이를 물어 다연이에게 큰 상해를 입힌 사실을 인정할 수 있다.
　본래 형벌은 자신이 행동한 부분에 대하여 묻는 것이다. 하지만 자신이 다루고 있는 기계, 동물 등을 관리하지 못하여 그것 때문에 다른 사람에게 범죄의 피해를 주게 되면, 그것은 엄연히 그 소유자·관리자의 형사책임이 문제 된다. 이런 경우 해당 소유자·관리자의 행위로 직접 볼 수 있다. 이번 사건에서 피고인은 덩치가 큰 강아지를 데리고 다니면서 적절한 보호조치를 하지 않아서 사람을 물게끔 한 것으로 보이는데, 이것은 「형법」상 과실치상죄가 문제 되며 피고인 본인의 행위로 보기에 충분하다(더 나아가 대법원 판례는 목줄을 하고 있는 강아지가 다른 사람에게 상해를 입혀도 과실치상죄를 묻고 있다). 따라서 이 부분에 대한 피고인과 변호사의 주장은 기각한다. 또한, 피고인은 형량의 감경을 주장하고 있지만, 피고인이 현재까지도 반성하지 않고 피해자에게 치료비조차 주지 않고 있기에 피고인에게 엄한 처벌이 불가피하다.
　따라서 피고인에게는 「형법」 제266조제1항의 과실치상죄가 성립하고 따로 작량감경을 하지 않아 피고인에게 5백만 원의 벌금을 선고한다. 이 외에도 피고인은 민사책임으로서 피해자에게 치료비, 위자료 등 피해를 배상하여야 할 것이다.

관련 법률

「형법」
제266조(과실치상) ① 과실로 인하여 사람의 신체를 상해에 이르게 한 자는 5백만 원 이하의 벌금, 구류 또는 과료에 처한다.
제51조(양형의 조건) 형을 정함에 있어서는 다음 사항을 참작하여야 한다.
1. 범인의 연령, 성행, 지능과 환경 2. 피해자에 대한 관계 3. 범행의 동기, 수단과 결과 4. 범행 후의 정황
제53조(작량감경) 범죄의 정상에 참작할 만한 사유가 있는 때에는 작량하여 그 형을 감경할 수 있다.

일상생활

온 동네를 경악하게 한 슈퍼스타의 비밀

진짜 가수 행세를 한 짝퉁 가수는 죄가 있을까?

지금부터 사건번호 2014도349의 모의재판을 시작하겠습니다. 교장 선생님은 학교 축제에 아이들이 좋아하는 가수 '따로'를 섭외했습니다. 그런데 알고 보니 진짜 '따로'가 아니라 얼굴과 옷 등을 비슷하게 흉내 낸 짝퉁 가수 '따로 국밥'이었습니다. 이에 검사는 짝퉁 가수인 '따로 국밥'을 「부정경쟁방지법」위반죄로 기소했습니다. 배심원 여러분은 이 경우 어떠한 판결을 내리시겠습니까? 그러면 사건번호 2014도349의 올바른 판결을 위해 사건의 내용을 알아보도록 하겠습니다.

옆 학교에서, 학교 축제에 가수 '스노우'를 섭외했다는 소식이 전해졌어요. 그리고 그 소식을 전해 들은 우리 학교 교장 선생님은 경쟁심에 사로잡혔어요.

"배우리 초등학교 학생 여러분, 절대 기죽지 마십시오. 내가 이 학교 교장의 명예를 걸고 이번 우리 학교 축제에 스노우보다 더 멋지고 인기 많은 가수를 데려와 보일 테니 말입니다. 두고 보세요."

아침 조회 시간에 교장 선생님은 우리 앞에서 장담을 했어요. 물론, 그 말을 믿는 아이들은 별로 없었지요. 초등학교 축제에 그 비싼 몸값을 자랑하는 가수를 섭외하기란 결코 쉬운 일이 아니었기 때문이에요. 그런데 며칠 뒤, 우리는 교문 앞에 걸린 대형 현수막을 보고 경악하지 않을 수 없었어요.

"마……말도 안 돼. 지금 이게 꿈이야 생시야?"

"정말 대박이다. 초등학교 축제에 가수 '따로'가 오다니."

따로라면 몇 년 전, 혜성같이 등장해 가요계를 평정한 그야말로 스타 중의 스타였어요. 특히나 신비주의를 고수해 방송출연도 거의 하지 않았는데, 그런 따로가 우리 학교 축제에 초대가수로 온다니 정말 믿지 못할 일이었지요.

따로 오빠가 온다는 소식에 아이들은 한껏 마음이 들떴어요. 좀처럼 표정을 드러내지 않던 기석이도, 따로를 위해 손수 편지까지 썼지요.

게다가 따로 오빠가 온다는 소식은 주변에까지 파다하게 소문이 난 모양이었어요. 축제가 시작되자, 근처 주민들은 물론, 중학생 언니 오빠들도 우리 학교로 몰려들었어요. 그야말로 학교는 축제 분위기로 한껏 고조되었고, 덕분에 교장 선생님의 어깨에는 잔뜩 힘이 들어갔어요.

잠시 후, 기다리고 기다리던 따로 오빠가 무대 위에 올랐어요. "안녕하세요. 따로입니다."라고 인사하면서 등장하자 온 동네가 떠들썩할 정도로 환호성이 터져 나왔지요. 그런데 막상 노래가 시작되자, 여기저기서 웅성거리는 소리가 들려 왔어요.

"노래가 왜 저 모양이니?"

"노래 뿐만 아니라 춤도 엉망인걸."

그러고 보니, 따로의 모습도 평소에 봤던 모습과는 많이 달랐어요. 생김새가 어딘가 모르게 어설프기 짝이 없었지요. 그런데 그때, 따로의 오랜 팬을 자청했던 세희가 큰 소리로 말했어요.
"저 사람은 따로 오빠가 아니야. 따로 오빠의 볼에는 점이 없다고."
"뭐야? 그러면 가짜란 말이야."
"그럼 그렇지. 짠돌이 교장 선생님이 진짜 따로를 불러 올 리가 없지."
"맞아. 따로의 몸값이 얼마나 비싼데. 완전히 교장 선생님한테 속아버렸다니깐."

다들 실망한 표정이 역력했어요. 그리고 따로를 보기 위해 왔던 사람들은 하나 둘 교문 밖을 나가 버렸어요. 그런데 당황하기는 교장 선생님도 마찬가지인 모양이었어요.

"이보게 김 선생. 저 사람이 진짜 따로가 아닌가?"
"네. 보아하니 이미테이션 가수인 모양입니다. 주연미나 너훈아, 패뛰김, 방쉬리, 현숙이, 주용필 같은 사람처럼 진짜 가수를 흉내 낸 가수 말입니다."
"그……그럴 리가. 그렇다면 따로라는 이름을 그대로 쓰면 안 되는 것이 아닌가? 따로의 복장이나 이미지도 그대로 쓰면 안 되고 말야. 여기 출연 계약서에도 분명 따로라고 이름이 쓰여 있는데."

교장 선생님은 주머니에서 계약서를 꺼내 살폈어요. 그런데 자세히 보

니, 따로라는 이름마다 뒤에 국밥 그림이 그려져 있는 것이었어요.

"아뿔싸. '따로'가 아니라 '따로 국밥'이었단 말인가? 어쩐지 출연료가 생각보다 싸더라니."

그제야 교장 선생님은 속은 것을 알고 땅을 쳤어요. 하지만 이미 늦은 뒤였어요. 그리고 며칠 뒤, 텔레비전에서는 진짜 따로가 오랜 미국 생활을 마치고 귀국했다는 뉴스가 전해졌답니다.

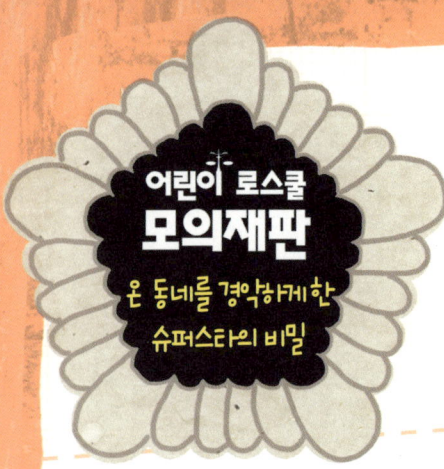

짝퉁 가수 따로 국밥은 죄가 있을까?

지금부터 사건번호 2014도349, 진짜 가수 따로를 사칭해서 돈을 번 짝퉁 가수 따로 국밥에 대한 판결을 내리겠습니다.

1 참가자의 한마디 & 최후 진술

피해자 따로: 제가 미국에서 돌아와 보니, 제 이미지에 먹칠이 되어 있던데요. 오 마이 갓! 짝퉁 가수가 대체 뭡니까?

유죄입니다 (검사)

존경하는 재판장님.
명품을 짝퉁으로 만드는 것도 모자라서 이제는 사람까지 짝퉁으로 만들다니요.

1. 짝퉁(이미테이션)은 단순한 모방이 아니라 진품처럼 속여서 돈을 벌기 위한 것입니다. 「부정경쟁방지법」에서는 이러한 것을 부정경쟁행위라고 보아 엄하게 처벌하고 있습니다.
2. 이번 사건에서 피고인은 따로의 이름과 유명세를 이용해서 돈을 벌었으므로 부정경쟁행위를 한 것이 분명합니다. 그냥 짝퉁 가수도 아니고 진짜 가수 행세를 했습니다.

피고인 따로국밥: 따로씨, 저도 먹고 살아야죠. 당신이 없는 동안 국내 팬들을 관리해드린 것뿐입니다.

무죄입니다 (변호사)

존경하는 재판장님.
피고인을 처벌한다면, 이 세상의 모든 짝퉁을 처벌해야 합니다.

1. 진품과 가품(짝퉁)은 세상의 어쩔 수 없는 속성입니다. 돈이 있는 사람은 진짜를 쓰고 돈이 부족한 사람은 진짜 같은 가짜를 쓰는 것 아니겠습니까?
2. 이번 사건에서 미리 따로가 아닌 것을 밝히지 않은 잘못은 인정합니다. 하지만 너훈아처럼 모방가수의 삶을 살았던 것이니 선처해주세요.

2 배심원의 판단

나는 짝퉁 가수 따로 국밥이 (무죄, 유죄)라고 생각합니다. 왜냐하면 _____

3. 현명한 판사의 판결

피고인 따로 국밥의 말, 따로가 미국에 있는 사이 피고인이 따로인 것처럼 공연장을 다니며 수많은 공연을 했고 그 수준이 떨어져서 팬들이 무척 실망했다는 신문기사보도, 피고인이 교장 선생님과 체결한 계약서(따로라고 서명되어 있음), 피고인이 자신을 따로라고 소개하고 공연을 시작하는 공연녹화파일 등의 증거를 종합하면, 피고인은 유명가수 따로가 미국에 있는 틈을 타 전국의 공연장마다 찾아다니며 자신을 따로라고 하면서 수많은 공연기회를 가졌으나 정작 공연수준이 낮아 따로의 명성이 크게 실추된 사실을 인정할 수 있다.

「부정경쟁방지법」에 따르면 짝퉁은 그 자체가 나쁘다기보다는 진품의 품질을 의심하게 하고 진품이 오래도록 간직한 브랜드의 가치를 깎아내리는 법적인 문제점이 있다. 이것은 진품 업체와 소비자에게 모두 피해를 주는 범죄행위임이 분명하다. 현대사회에서 가수의 이름은 바로 노래나 공연에 직결되므로 재산적 가치가 있는 상품과도 견줄 수 있으며 「부정경쟁방지법」이 적용될 수 있다. 짝퉁 가수(너훈아, 주용필 등)가 그 자체로 활동하는 것은 문제가 없으나, 종종 진품 가수의 이름을 쓰고 그 가수의 복장, 이미지를 복제하여 진짜인 양 행세하는 것은 엄연히 부정경쟁행위라고 보기에 충분하다. 이번 사건에서 피고인은 자신을 따로라고 하면서 수준 낮은 공연을 하여 진짜 따로의 활동에 큰 흠집을 내면서 스스로는 부당한 이익을 얻었다. 피고인은 단지 모방가수였다고 주장하나 따로를 사칭한 사실이 드러나므로 이 주장은 기각한다.

따라서 피고인에게는 「부정경쟁방지법」 제18조제3항제1호·제2조에 따라 벌금 3천만 원을 선고한다.

「부정경쟁방지법」

요즘 들어 명품이나 유명상표의 가짜상품이 많지요. 이런 이미테이션 상품(짝퉁)은 품질이 나쁜 경우가 많은데도 쉽게 돈을 버는 경우가 많죠. 결국 고스란히 피해가 명품제작자와 소비자에게 가는 경우가 많아요. 따라서 세계 여러 나라에서는 짝퉁상품을 엄격히 금지한답니다. 특히, 대법원 판례(가짜 박상민 사건)에 따르면 짝퉁 가수가 진짜 가수 이름을 쓰고 복장을 모방해서 활동하는 것은 부정경쟁행위라고 해서 처벌된답니다. 다만, 짝퉁으로 자신을 밝히고 모창을 하는 경우는 처벌되지 않아요.

※ 이번 사건이 부정경쟁행위의 일종임을 알려주는 법조문입니다.
「부정경쟁지 및 영업비밀보호에 관한 법률」
  제2조(정의) 이 법에서 사용하는 용어의 뜻은 다음과 같다.
  다. 가목 또는 나목의 혼동하게 하는 행위 외에 비상업적 사용 등 대통령령으로 정하는 정당한 사유 없이 국내에 널리 인식된 타인의 성명, 상호, 상표, 상품의 용기·포장, 그 밖에 타인의 상품 또는 영업임을 표시한 표지와 동일하거나 유사한 것을 사용하거나 이러한 것을 사용한 상품을 판매·반포 또는 수입·수출하여 타인의 표지의 식별력이나 명성을 손상하는 행위

사건번호 2014도350

일상생활

톱스타 A군과 B양의 루머

확실하지 않은 이야기를 인터넷에 올린 시연이는 죄가 있을까?

지금부터 사건번호 2014도350의 모의재판을 시작하겠습니다. 시연이는 부균이로부터 들은 탤런트 나리에 관한 이야기를 인터넷에 올렸습니다. 이 때문에 탤런트 나리는 사생활을 침해받는 등 명예가 훼손되었습니다. 최근에는 이처럼 단지 비방으로 끝나는 것이 아니라, 그럴듯한 이야기를 섞어서 비난하는 사건도 많습니다. 이에 검사는 시연이를 「정보통신망 이용촉진 및 정보보호 등에 관한 법률」위반죄(비방목적 명예훼손죄)로 기소했습니다. 배심원 여러분은 이 경우 어떠한 판결을 내리시겠습니까? 그러면 사건번호 2014도350의 올바른 판결을 위해 사건의 내용을 알아보도록 하겠습니다.

"애들아, 너희 탤런트 나리 알지? 나리가 요즘 남자친구가 생겼대. 그런데 상대가 누군지 알아? 놀라지 마라. 가수 스노우란다."

부균이는 허풍이 좀 심한 편이었어요. 이따금 어디서 주워들은 이야기를 마치 자기 이야기인 것처럼 말하곤 했지요. 급식을 먹고 교실로 돌아오니, 마침 부균이는 아이들을 잔뜩 모아 놓고 또 허풍을 늘어놓고 있었어요. 그런데 듣다 보니, 제법 그럴듯하게 들리는 것이었어요.

"스노우는 원래 탤런트 김다희랑 사귀었잖아. 그런데 나리가 스노우에게 꼬리를 친 거야. 그래서 스노우가 김다희랑 헤어지고 나리랑 사귀게 된 거지. 아직 기사에는 나지 않았지만 아는 사람은 다 안다고."

"세상에나. 그럼 나리가 김다희한테서 남자친구를 뺏은 거네. 청순하고 착하기만 한 줄 알았는데, 생각했던 것과는 너무 다르잖아. 정말 실망이다."

"맞아. 연예인들이 원래 보이는 이미지와 실제는 많이 달라."

"우와, 그런데 넌 그걸 어떻게 알았니?"

"하하하. 우리 친척 중에 연예 기획사에 다니시는 분이 있는데, 덕분에 이런저런 이야기를 아주 많이 들어."

정말 나리랑 스노우가 사귄다면 대박 중에 대박 뉴스였어요. 학교를 마치고 집으로 돌아온 나는 혹시나 하는 마음에 인터넷으로 나리에 관한 기사를 찾아보았어요.

"현재 남자친구는 없어요. 앞으로도 남자친구를 만날 생각은 추호도 없고요. 사실 연기 활동에 몰두하느라, 남자친구를 만날 시간도 마음도 없답니다."

부균이에게서 들은 이야기도 있는지라, 나리의 인터뷰가 무척이나 가증스럽게 느껴졌어요.

'도저히 안 되겠다. 내가 알고 있는 사실을 다른 사람들에게도 알려야겠어.'

곧바로 로그인하고 부균이에게서 들은 이야기를 댓글로 달았어요. 그랬더니 잠시 후, 내 댓글에 또 댓글이 달리는 것이었어요.

"나리와 스노우가 사귀는 게 정말인가요?"

"공연히 헛소문 퍼뜨리지 마세요."

사람들은 좀처럼 내 말을 믿어주지 않았어요. 공연히 오기가 생긴 나는 약간의 허풍을 보탰지요.

"사실 제가 연예 기획사에서 일하고 있거든요. 이런저런 이야기를 많이 듣곤 해요."

마치 부균이의 친척인 것처럼 행세를 해보았어요. 그랬더니, 내 글에 무수히 많은 댓글이 달리기 시작하는 것이었어요.

"우와, 그러면 나리도 봤겠네요."

"나리의 실물은 어떤가요? 정말 그렇게 예쁜가요?"

"나리에 대해 좀 더 많은 이야기를 해주세요."

그야말로 내 글에 대한 반응은 폭발적이었어요. 많은 사람이 내 글에 관심을 가지니, 나도 덩달아 신이 났지요. 그래서 좀 더 자극적인 댓글을 달기 시작했어요.

"지금은 그렇게 안 보이지만, 나리가 학교 다닐 때 나쁜 친구들하고 어울려 다녔대요. 그때의 나리를 아는 사람들은 지금의 나리를 보면 다들 가식적이라며 비웃는다고 해요. 그 뿐인 줄 아세요. 나리가 그렇게 공주병이래요. 잠시도 쉬지 않고 거울을 보는데, 옆에 있으면 짜증이 날 정도래요."

댓글을 달면 달수록 나도 모르게 더한 말들이 마구 나왔어요. 아무래도 안 되겠다 싶어 컴퓨터를 끄고 잠자리에 들었지요. 그런데 다음 날, 다시 컴퓨터를 켜보니, 각종 포털 사이트는 나리의 열애설 기사로 아주 난리가 나 있었어요. 더군다나 나리는 헛소문을 퍼트린 사람을 찾아 반드시 책임을 묻겠다며 기자 회견까지 했어요.

'서……설마 소문의 근원이 나인거야?'

학교에 가자마자 부균이에게 나리와 스노우가 사귀는 게 맞는지 재차 물었어요. 그런데 부균이는 그런 말을 한 적이 없다며 시치미를 떼는 것이었어요."

"무슨 소리야. 어제 네가 그렇게 말했잖아."

"난 여기 저기서 주워들은 말을 했을 뿐이야. 정말 사실이라고 말하진 않았다고. 그보다 네가 내 말을 믿다니 의외인걸. 그냥 해본 소리야"

"뭐야? 그럼 스노우랑 나리랑 사귀는 게 진짜가 아니었단 말이야."

큰일이었어요. 나리가 기획사와 상의하여 법적 대응을 하겠다고 하는데, 그럼 난 어찌 되는 걸까요? 약간의 과장을 덧붙이긴 했지만, 나도 부균이에게서 들은 말을 옮겼을 뿐인데 말이에요.

시연이는 죄가 있을까?

지금부터 사건번호 2014도350, 인터넷에 나리에 대한 허위소문을 퍼뜨린 시연이에 대한 판결을 내리겠습니다.

1 참가자의 한마디 & 최후 진술

피해자 나리: 연예인인 저도 명예와 사생활이 있는 사람이에요. 무척 화나지만, 어린아이가 그랬다니 처벌은 하지 마세요.

유죄입니다 (검사)

존경하는 재판장님.
사이버상에서의 명예훼손과 모욕은 이제 정도가 지나칩니다. 더 이상 이런 일이 일어나지 않기 위해서는 엄하게 처벌해야 합니다.

① 「정보통신망법」에 따르면 비방목적으로 명예훼손을 하는 경우에 더 엄중하게 처벌됩니다. 이 규정에 따라 처벌되어야 합니다.
② 이번 사건에서 피고인은 얼굴도 모르고 전혀 이해관계가 없는 나리를 대상으로 나쁜 소문을 퍼뜨렸으므로 엄하게 처벌해야 합니다.

피고인 시연이: 흑흑, 잘못했어요. 나리 언니. 저는 그냥 떠도는 소문을 듣고 그런 거예요. 사과드릴게요.

무죄입니다 (변호사)

존경하는 재판장님.
사이버 명예훼손이 나쁜 것은 알지만 비방 목적도 없었고 어린아이이니 용서해주시기 바랍니다.

① 「정보통신망법」의 명예훼손죄는 비방의 목적이 있어야 하는데, 피고인의 경우에는 그런 점이 전혀 없이 소문을 옮긴 수준이므로 죄가 되지 않습니다.
② 만약 이런 점이 「형법」의 명예훼손죄로 문제되어도 나리씨가 피고인을 용서했으므로 공소를 기각해 주세요.

2 배심원의 판단

나는 시연이가 (무죄, 유죄)라고 생각합니다. 왜냐하면 _____

3 현명한 판사의 판결

사이버명예훼손죄
「정보통신망법」에서 규정한 범죄로서 「형법」의 명예훼손범죄보다 더 엄하게 처벌하고 있죠. 특히 이 범죄가 되려면 비방의 목적이 있어야 한답니다.

명예훼손죄, 모욕죄
공공연하게 다른 사람의 명예를 깎거나 욕설을 하는 범죄를 말해요. 이런 범죄의 경우에는 피해자의 고소가 없거나 피해자가 처벌을 원하지 않으면 벌을 받지는 않는답니다. 그래서 이런 사건에 관련되면 용서를 구하고 사과하는 자세가 필요해요.

피고인 시연이의 말, 피해자 나리의 증언, 피고인의 인터넷 로그인 기록 및 댓글목록, 피고인이 계속 쓴 댓글로 인해 나리의 명예가 깎이고 없던 열애설까지 퍼졌다는 신문기사보도, 피고인에게 나리에 관한 풍문을 지어내 알려줬다는 부균이의 진술서 등의 증거를 종합하면, 피고인은 나리와 얼굴도 모르는 사이이지만 친구 부균이가 전해준 헛소문을 인터넷에 퍼뜨리면서 나리의 명예를 훼손한 사실이 인정된다.

사람의 명예는 생명만큼이나 소중한 것이며 한번 떨어진 명예는 다시금 회복되기 어렵기에 법적으로 많은 보호가 필요하다. 특히 연예인이나 공인들은 다른 사람의 관심과 입방아에 오르기 쉽고 종종 허위사실이 퍼져 심각한 명예손상을 입는 경우가 많다. 이러한 범죄를 방치할 경우 더 큰 사회적 문제점이 발생되므로, 법적인 처벌은 불가피하다.

이번 사건에서 피고인은 허위의 사실을 공공연한 사이버상에 올린 것은 사실이지만, 부균이가 말한 내용을 그대로 믿고 인터넷에 올렸으며 나리와 개인적인 원한이나 나쁜 감정은 없었다. 즉 비방의 목적 없이 나리의 명예가 손상될 수 있는 열애설을 올린 것으로 보인다. 따라서 검사가 주장하는 「정보통신망법」의 사이버명예훼손죄는 성립하지 않는다고 보인다. 만약 검사가 「형법」의 명예훼손죄까지 묻는다고 해도 피해자가 처벌을 원하지 않으므로 역시 이 죄를 묻기 어렵다.

따라서 피고인에게는 「형법」 제307조제2항에 따라 허위사실에 따른 명예훼손죄가 문제되나 피해자가 처벌을 원하지 않으므로 「형사소송법」 제327조에 따라 공소를 기각한다(피고인에게 공소제기된 「정보통신망법」위반죄는 증거가 없어 판결이유에서 무죄를 적는다).

관련 법률

「정보통신망 이용촉진 및 정보보호 등에 관한 법률」 제70조(벌칙) ② 사람을 비방할 목적으로 정보통신망을 통하여 공공연하게 거짓의 사실을 드러내어 다른 사람의 명예를 훼손한 자는 7년 이하의 징역, 10년 이하의 자격정지 또는 5천만 원 이하의 벌금에 처한다.

「형법」 제307조(명예훼손) ② 공연히 허위의 사실을 적시하여 사람의 명예를 훼손한 자는 5년 이하의 징역, 10년 이하의 자격정지 또는 1천만 원 이하의 벌금에 처한다.

※ 「형법」과 「소년법」 등에 따르면 만 14세 미만인 사람은 '형사미성년자'로서 형사책임이 없습니다. 그렇지만 만 10세이상(초등학교 4학년 이상) 19세 미만이라면 「소년법」에 따라 우범소년, 촉범소년으로 분류되어 소년사건으로 다뤄지고, 적게는 집에서 훈육받지만 크게는 소년원에 송치될 수도 있습니다. 물론 14세가 넘어가게 되면 「형법」, 「형사소송법」에 따라 징역형, 벌금형 등의 형사처벌을 받게 될 수도 있습니다.
　이 책의 모의재판에서는 14세 미만 여부를 논하지 않고 형사처벌 여부를 바로 판단했습니다. 초등학교에 다니는 어린이는 대개 만 14세 미만이므로, 형사미성년자로서 이 책에서 언급된 죄가 성립하지 않음을 알려드립니다.

세상을 발칵 뒤집은 어린이 로스쿨

글 | 유재원, 정은숙　그림 | 이윤정

1판 1쇄 발행 | 2014년 7월 22일
1판 8쇄 발행 | 2022년 2월 4일

펴낸이 | 김영곤　**펴낸곳** | ㈜북이십일 아울북
키즈사업본부장 | 김수경　**기획개발** | 김지혜
에듀1팀 | 김지혜 김지수 김현정
아동마케팅영업본부장 | 변유경　**아동마케팅1팀** | 김영남 원정아 이규림 고아라 최예슬 이해림 황혜선
아동영업1팀 | 이도경 오다은 김소연　**아동영업2팀** | 한충희 오은희
디자인 | 권민지

출판등록 | 2000년 5월 6일　제406-2003-061호
주소 | 경기도 파주시 회동길 201
전화 | 031-955-2100(대표), 031-955-2445(내용문의), 031-955-2177(FAX)
홈페이지 | www.book21.com

값 15,000원　ISBN 978-89-509-5634-9 74360

Copyright ⓒ 2014 by book21 유재원, 아울북. All right reserved

이 책 내용의 일부 또는 전부를 재사용하려면 반드시 (주)북이십일의 동의를 얻어야 합니다.
잘못 만들어진 책은 구입하신 서점에서 교환해 드립니다.
책값은 뒤표지에 있습니다.

- 제조자명 : (주)북이십일
- 주소 및 전화번호 : 경기도 파주시 회동길 201(문발동) / 031-955-2100
- 제조연월 : 2022. 2. 4.
- 제조국명 : 대한민국
- 사용연령 : 5세 이상 어린이 제품